合伙人

合伙创业制度股权风控全案

王建章 著

中国铁道出版社有限公司

CHINA RAILWAY PUBLISHING HOUSE CO., LTD.

图书在版编目（CIP）数据

合伙人：合伙创业制度股权风控全案 / 王建章著 .—北京：
中国铁道出版社有限公司，2023.9
ISBN 978-7-113-30340-2

Ⅰ.①合… Ⅱ.①王… Ⅲ.①合伙企业 - 企业管理 - 股权
管理 - 研究 Ⅳ.① F276.2

中国国家版本馆 CIP 数据核字（2023）第 118141 号

书　　名：合伙人：合伙创业制度股权风控全案
　　　　　HEHUOREN: HEHUO CHUANGYE ZHIDU GUQUAN FENGKONG QUAN AN
作　　者：王建章

责任编辑：马慧君　　　　　　编辑部电话：（010）51873005
封面设计：尚明龙
责任校对：刘　畅
责任印制：赵星辰

出版发行：中国铁道出版社有限公司（100054，北京市西城区右安门西街8号）
网　　址：http://www.tdpress.com
印　　刷：北京铭成印刷有限公司
版　　次：2023 年 9 月第 1 版　2023 年 9 月第 1 次印刷
开　　本：710 mm×1 000 mm 1/16　印张：13.5　字数：194千
书　　号：ISBN 978-7-113-30340-2
定　　价：68.00元

前　　言

当今时代，创业看起来似乎越来越简单了，只需要少量本金、一些技术，很多人就可以开启自己的创业之旅了。但是，由于创业成本降低，创业市场中的竞争越来越激烈。

创业风险加剧使得合伙创业这一模式得到了广泛应用。许多创业者发现，合伙创业不仅能够轻松筹得创业启动资金，还能够为企业招揽一批有经验的人才。合伙创业能够让创业者少走很多弯路，加快成功的脚步，创造更多的财富。

如今已经进入存量经济时代，能够掌握多少资本已经不再是企业能够创造价值的唯一影响因素，现代企业的竞争就是人才的竞争。一家企业能否吸引人才并且留住人才，才是能否成功的关键。

这也是我创作本书的原因，我希望那些还在单枪匹马创业及对合伙创业模式一知半解的读者，通过阅读此书对新时代的合伙创业模式有深入的了解。从而在吸引人才的基础上，留住人才、激励人才，把他们变为企业的一分子，激发他们的工作活力与激情，为企业带来更多的效益。

本书分为三部分：第一部分主要从了解创业趋势入手，解析多种合伙模式，讲解如何选择合适的合伙人，并建立完善的管理制度和激励机制；第二部分主要讲述合伙企业该如何分配股权、如何在不同发展阶段动态调整股权，以及合伙企业应如何处理挂牌融资事宜；第三部分主要对股权风险、财务风险、税务风险，以及项目风险的防控进行详解。通过这三部分内容，读者能够了解合伙模式的整个搭建流程，以及如何规避合伙创业路上的种种风险。

除了相关的理论知识外，本书还引入部分法律条款，使内容更翔实。

另外，本书援引了大量真实案例，既有发生在你我身边的小型合伙企业案例，也有部分大型合伙企业案例，这些案例有成功的，也有失败的。但无论成败，它们都能够直观地为我们展示出合伙企业在创业路上所遇到的种种风险，我们也能够从中借鉴一二，找到一条符合自己的发展道路。

我将自己的创业经历也融入其中。我创办的企业从一家名不见经传的小工作室发展为在新三板挂牌的企业集团，这一路上，我也曾遇到很多困难。如今，我将战胜这些困难的经验以及自己的感悟总结出来，希望能够帮助正在创业或想要创业的读者创造自己的辉煌。

我认为，科学的创业方法能够让创业者收获更多，能够使创业事半功倍。这也正是本书的特色。本书立足于当下，用清晰的逻辑和流畅的语言罗列并讲解多种合伙创业方案，兼具实用性和可操作性。希望大家能够从本书中找到自己需要的方法，汲取他人的教训，为自己的企业博得一个光明的前程。

王建章

2023 年 2 月

目　　录

上篇　建立完善的合伙制度

第一章　创业趋势：合伙创业成为时代风潮

第二章　合伙模式解析：多样的合伙人类型

第三章　合伙人选择：寻找志同道合的合作伙伴

第四章　合伙管理制度：明确职责与利益

第五章　合伙人激励机制：激发合伙人潜能

中篇　合理分配股权

第六章　初始股权分配：明确创始人与合伙人定位

第七章　股权动态调整：让合作关系长久稳定

第八章　里程碑定义贡献点：把握股权动态调整节奏感

第九章　挂牌融资：股权分配的新阶段

第十章　合伙退出机制：搭建合伙人退出通道

下篇　多维风险控制

第十一章　股权风险控制：企业长久发展的基础

第十四章　项目风险控制：实现企业稳健投资

上篇

建立完善的合伙制度

1

|第一章|

创业趋势：合伙创业成为时代风潮

当前，合伙创业已经成为时代趋势。相比单打独斗的个人创业，合伙创业能够整合多种能力、资源，推动创业项目快速发展。同时，合伙创业还能够整合规则、形成合力，实现"1+1>2"的效果。基于这些优势，合伙创业模式能够更好地应对当下激烈的市场竞争，助力创业成功。

第一节 合伙创业模式颠覆雇佣制

企业所面临的竞争不只是技术的竞争，还有管理制度的竞争，在这方面，合伙制度比传统的雇佣制度更具优势，不少传统企业都通过建立合伙平台的方式变革企业管理制度。而合伙创业模式能够在企业创业之初就搭建合伙制度，转变企业与员工的关系，搭建更加垂直、高效的管理架构。

一、关系转变：从雇佣关系转向合作关系

在企业创立之初，创业团队中有人离开是十分常见的事。正所谓"铁打的营盘流水的兵"，一些创业者并没有对这个问题重视，而是将这种现象看作创业的常态，但若单纯地将企业与员工的关系看作营盘与兵的关系，那么企业与员工之间仍是传统的雇佣关系。

对于创业企业而言，如果企业与员工之间只存在雇佣关系，而没有形成更深层次的合作关系，那么企业就很难搭建稳固的创业基础。创业是一个长期且艰难的过程，需要合伙人的接力与支持，在这方面，合伙创业模式能够建立创始人与合伙人之间的合作关系，释放人才潜能，更能适应当下激烈的竞争环境。

为什么从雇佣关系转向合作关系如此重要？在当前的知识经济时代，人才是企业发展的核心动力，而合伙关系能够增强人才的归属感，能够以利益共享机制驱动人才发挥更大潜能。具体而言，相比雇佣关系，合作关系的优势主要体现在两个方面，如图1-1所示。

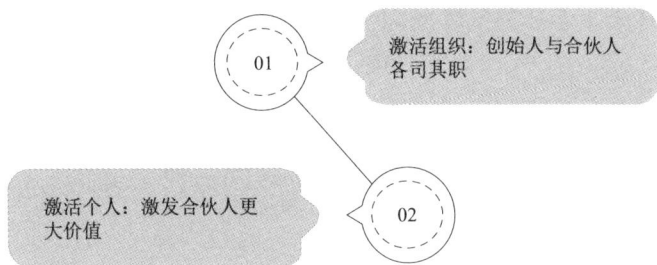

图1-1 合作关系的两大优势

1. 激活组织：创始人与合伙人各司其职

在雇佣关系下，企业会形成高度集权的控制型组织模式。在创业之初，这种模式在员工管理方面具有一定的优势，但随着企业发展得越来越好、规模越来越大，组织也会变得臃肿，从而出现一系列管理问题。同时，员工会将工作的重心放在完成自身KPI（Key Performance Indicator，关键绩效指标）方面，按部就班地工作，不愿意进行创新；而创始人也不得不将更多的精力放在解决组织问题方面，无暇关注企业的长期发展与创新。

而在合作关系下，企业搭建的是扁平化的组织架构，合伙人负责一些业务模块，拥有更大决策权。在更直接的利益激励下，合伙人更愿意尝试更多可能，创造更多价值。而创始人也能够将更多精力放在企业战略层面，寻求更多机遇，推动企业发展。

2. 激活个人：激发合伙人更大价值

在雇佣关系下，高度集权的管理体制往往会限制员工发挥才能的空间。在层层管控下，员工工作的灵活性大大降低，即使在升至管理层后，其工作也是执行高层的命令，难以充分发挥自身才能，因此，员工是为创始人"守江山"，而不是与创始人共同"打江山"。而在合作关系下，合伙人与创始人是创业合作伙伴，双方之间的层级关系被大大削弱，合伙人得以分享、实践自身创意，实现自我价值。

在日趋激烈的竞争环境下，人才成为创业成功的关键要素。通过合伙创业模式将人才从被领导者变为创业合伙人，能够让人才发挥更大价值，同时能够形成强大合力，打造一支实力强劲的创业团队。

二、管理模式转变：集权式架构转向分权式架构

在传统集权制企业中，创始人的权力往往过于集中，企业市场开发、产品研发、员工管理等方方面面的工作都依赖创始人的决策，这使得企业很容易变成创始人的"一言堂"，不利于企业的长久发展。

同时，虽然在发展过程中企业的管理层级越来越多，但是各层级拥有的决策权却十分有限，依旧是集权制管理。在这种情况下，创始人的工作越来越多，而中高层管理者则成了摆设。

相比集权式管理架构，合伙创业能够促进管理模式转变，搭建更加高效的分权式管理架构。不同的合伙人可以分工合作，各自负责不同的业务领域，而创始人负责企业的整体运营与合伙人管理。在这种模式下，创始人得以合理放权，而合伙人能够更加自主地开展所负责的业务，推动创业目标的实现。

以小米集团为例，在创业之初，为了组建极具竞争力的创业团队，创始人雷军将大量的时间放在寻找合伙人上，最后找到了林斌、黎万强、黄江吉、洪锋、刘德、周光平、王川七位联合创始人。

在确定联合创始人的基础上，小米搭建了分权式管理架构。企业的业务分为产品研发、市场营销、智能硬件、互联网服务等不同板块，每个板块由不同的联合创始人坐镇，例如黎万强负责市场营销，刘德聚焦小米生态链，周光平负责手机研发等。在管理过程中，联合创始人负责自己主管领域方案的制定和执行，彼此之间不会互相干涉。

在此基础上，小米搭建了扁平化的组织架构，分为联合创始人、工程师、基层员工三级。联合创始人负责决策，也会将部分决策权下放给经验丰富的工程师。在分权式、扁平化的管理架构下，联合创始人拥有较大决策权，同时减少了各层级之间汇报的时间，最终实现组织的高效运转。

相比集权式组织架构，分权式组织架构更加灵活，更能应对市场的变

化，而合伙创业模式具有打造分权式组织架构的基因，创始人可以适当放权，与合伙人分工合作，共同推动企业发展。

第二节　合伙创业的优势

合伙创业的优势主要体现在三个方面：一是可以实现资源互补，助力创业项目快速发展；二是能够实现利益共享，以更有吸引力的利益分配机制留住人才；三是实现风险共担，提高企业的抗风险能力。基于以上优势，合伙创业模式能够集聚更多力量，发挥集体智慧，以更大的规模产生更多效益。

一、资源互补，推动创业项目快速发展

创业的成功离不开资金、人才等多种资源的支持，而创业者拥有的资源是有限的，因此，创业者有必要组建创业团队，以合伙创业的优势补全创业资源短板。

具体而言，创业所需的核心资源主要有六种，如图1-2所示。

01 智力支持	02 资金资源	03 产品能力
04 客户资源	05 市场营销资源	06 法律财税支持

图1-2　创业所需的核心资源

1. 智力支持

创业的机会与方向源于创业者的视角与思维，因此创业考验的是创业者的智慧。无论是创业方向的选择、战略的制定，还是市场中各种要素的协调，都需要创业者通过自己的智慧去识别、统筹或重构，因此，智力支持资源成为创业过程中的核心资源。创业者的智慧资源由两部分构成：一部分是自身的智慧资源，另一部分是汇集的他人智慧资源。智力支持资源的系统整合对于创业成功是十分重要的。

2. 资金资源

一些创业项目由于启动资金不足而迟迟没有进展，还有一些创业项目已经起步，但由于资金不足而不得不走向失败，可见，资金是创业过程中必不可少的资源。对于创业者而言，准备充足的创业资金往往十分困难，而合伙创业模式能够聚集更多资金资源，推动创业项目顺利发展。

3. 产品能力

如果想让创业项目很容易地产出产品，那么创业团队就需要具备产品能力。以互联网项目创业团队为例，如果团队中没有专业的开发工程师，只依靠外包团队打造产品，那么创业成本将大大提升，因此，产品能力也是创业过程中的重要资源。对于不是技术人员出身的创业者而言，其需要寻找具有技术的创业伙伴，提升创业团队的产品能力。

4. 客户资源

很多创业者在创业过程中都遇到过这样的问题：将研发的产品推向市场，获得市场的初步认可后，却不知道通过什么渠道找到目标客户，难以扩大客户群体。为了获得更多的客户资源，创业者需要付出高昂的营销成本。而在合伙创业模式下，创业者可以引入拥有客户资源的合伙人，打通营销渠道。

5. 市场营销资源

优质的产品也需要有效的展现形式，在碎片化的信息时代，以电视广告为主的传统营销手段难以取得很好的营销效果，同时新流量的获取成本越来越高。在这种情况下，创业者需要整合市场营销资源，以更有效、成本更低的营销方式触达更多客户。

6. 法律财税支持

创业过程中同样需要法律财税方面的支持。例如，企业注册过程中存在哪些问题，重大合同、劳动合同如何签署等，都是创业者需要慎重考虑的问题。为了规避创业过程中的各种法律财税风险，创业者需要寻求专业人士的支持，例如通过代理记账公司处理企业财务事宜，请具有法律职业资格的合伙人担任企业法律顾问等。

创业需要多方面的资源，而创业者个人拥有的资源是有限的。合伙创业能够发挥互助赋能的作用，实现智力支持、资金资源、产品能力、客户资源、市场营销资源、法律财税支持等多方面资源的互补，推动创业项目快速发展。

二、利益共享，有利于激发合伙人潜能

人才的潜能是创业成功的重要推动力。如果创业团队难以激发人才的潜能，那么创业团队的竞争力也难以提升。在独立创业模式下，创业者与员工的合作并不多，员工凭借自己的付出获得相应的回报，创业项目对其的激励作用也不明显，在这种情况下，创业团队往往存在人才工作积极性不高、人才流失等问题。相比而言，合伙创业模式能够实现创业项目与合伙人的深度绑定，以利益共享激励人才，激发人才的更大潜能。

在创业初期，创始人与核心合伙人组成创业团队，整个团队是一个利益共同体，不同合伙人负责不同的业务板块，独立核算，自主经营，同时依据事先约定的利益分配机制共享收益，这能够大大激发合伙人的工作热

情，促使创业团队各成员之间形成更深层次的战略合作关系。

在创业企业的发展步入正轨后，创始人可以将合伙创业模式进行延伸，将企业的高层管理者、核心技术人才等发展成为企业的合伙人。在此基础上，这些合伙人的薪酬构成也将发生变化，除了工资外，他们还可以获得少量股份分红或关键项目奖金，这种利益共享机制不仅能够为合伙人带来更大的物质激励，还能够满足其实现自我价值的精神需求，从而激发合伙人的潜能。

在企业发展趋于稳定、逐渐发展壮大的过程中，创始人可以进一步延伸合伙创业模式，将更多的员工变为合伙人。在企业长久发展的过程中，这些员工对企业已经有了较为深入的了解，对企业的发展愿景、制度文化等有着深刻的认知，同时，其业务能力也在长期实践中得到了提升。对于这些员工，创始人可以升级其与企业之间的合作模式，让其成为企业新的合伙人。

在具体实践中，创始人往往是让这些合伙人单独负责小项目、门店的运营等，同时以清晰的责权、奖惩制度明确合伙人的权利、义务、获得的收益与需要承担的责任。在这种利益分配机制下，项目或门店的收益与合伙人的薪资直接挂钩，更能够激发合伙人的工作积极性。

例如，水果全产业链企业百果园就通过店长合伙人制度大大激发了合伙人的潜能，推动企业的扩张发展。百果园的合伙人制度具体包括以下内容。

1. 门店股权结构

百果园不收取加盟费，但收取门店每年利润的30%，其余70%的利润依据门店股权结构进行分配。一个门店包括三个参与方，其股权结构如下：

（1）店长——单店资金投入占比为80%，负责门店的经营工作；

（2）片区管理者——单店资金投入占比为17%，负责片区内多个门店的管理；

（3）大区加盟商——单店资金投入占比为3%，主要负责门店的选址工作。

2. 店长培养计划

为了实现店长这类关键人才的复制，每家门店每年需要向企业输送一名新店长。通常来说，这些预备店长需要经过八个月至一年的培训，在此之后，企业会对这些预备店长进行考核，根据其考核结果决定其是否能够成为新店的店长。

3. 门店亏损承担方式

在店长正式投资后，如果门店亏损，则前三年的亏损由企业承担。如果三年之后门店依旧亏损，那么企业就会对门店进行评估并决定是否关闭该门店。

4. 门店退出机制

在店长想要退出门店时，企业不仅会全部返还店长投入的资金，还会向其发放三倍的门店分红作为补偿，这一机制的目的是激励老店长积极开办新店，同时留存人才。

凭借店长合伙人制度，百果园大大激发了店长的潜能。随着销售额的不断增长，门店的利润、店长的收益都实现了大幅提升，而百果园也在此基础上实现了广泛扩张与利润的增长。

由此可见，合伙创业模式能够极大地激发合伙人的主人翁精神，使其充分发挥主观能动性，在提升自身收益的同时为企业创造更多财富。

三、风险共担，提升创业企业的抗风险能力

创业初期往往需要大量的资金投入，如房租、员工工资、产品研发、企业运营等都需要大量的资金支持。如果创业者独立创业，那么所有投入的资金都需要创业者自己承担。同时，创业者也必须自负盈亏，承担所有的创业风险。在这种情况下，创业企业的抗风险能力较弱，一旦发生创业者难以应对的风险，创业将有可能失败。

而在合伙创业模式下，创始人与合伙人为合作伙伴关系，共担创业风险，这能够降低创业风险给创始人带来的不良影响，同时提升企业的抗风险能力。

梁某、赵某、李某三人为同窗好友，大学毕业后，三人决定共同创业。梁某出资 50 万元，赵某和李某各出资 25 万元，三人签订了合伙协议。在经过一系列准备后，三人共同注册了一家高新技术企业 A 企业，并积极进行人员招聘、项目对接等工作，推动企业步入正轨。

不久，企业了解到某科技公司有合作意向，该科技公司因业务需要计划和 A 企业开展合作。在项目商谈阶段，该科技公司负责人孙某对双方的合作十分看好，并达成口头合作协议。孙某表示，其公司是某集团的下属分公司，在签订合同时，需要获得集团的授权。他还表示，为了尽快推动合作事项，希望 A 企业可以先进行合作前的准备工作。

由于此次合作的机会十分难得，梁某三人商议后，决定先进行合作项目的前期准备工作，并在该项目中投入了不少资金和人力，然而半个月后，孙某向梁某三人表达了歉意，表示双方的合作未通过集团的审批，合作也就此作罢，这件事对梁某三人造成了不小的打击。合作未达成意味着企业此前在项目中的投入全部无效，这使得企业遭受了十几万元的损失。

试想，在上述案例中，如果梁某是独立创业、自负盈亏，那么十几万元的损失可能会导致企业现金流断裂，难以为继。而梁某、赵某、李某三人合伙创业，共同投入、共担风险，为企业提供了充足的现金流，提升了企业的抗风险能力，这样在遭遇风险时，损失由三人共同承担，每个人的压力都得以减轻。

此外，合伙创业风险共担存在一个问题：如果合伙人都不愿意承担企业的亏损，那么应该如何确定分担亏损的方式？

《中华人民共和国民法典》（以下简称《民法典》）第九百七十二条规定："合伙的利润分配和亏损分担，按照合伙合同的约定办理；合伙合同没有约定或者约定不明确的，由合伙人协商决定；协商不成的，由合伙人按照实缴出资比例分配、分担；无法确定出资比例的，由合伙人平均分配、分担。"

根据以上法律条款可知，合伙创业的亏损分担，一般按照合伙合同的约定明确分担比例。如果合伙合同对此没有约定或者约定不明确，那么合伙人需要自行商定分担方式。如果协商无果，那么合伙人就要依据出资比例承担相应亏损。如果无法确定各合伙人的出资比例，那么各位合伙人就要平均分担亏损。

四、精鹰传媒创始团队：从初建到最终成形

2007年，广东精鹰传媒集团股份有限公司（以下简称"精鹰传媒"）在广东正式成立，经过16年的发展，现已成为一家网络视听"内容服务+IP运营"公司，在影视制作、网络电影投资等方面有一定的影响力。

我在大学时代便开始接触影视制作这一领域，在电视台的工作经历使我积累了宝贵的实践经验，大学毕业后，我与三个志同道合的同学成立了一个工作室。

初期，我主要负责影视后期，后来就由技术人员转为工作室的统筹管理人员，而其他三个联合创始人则分别负责影视后期、三维动画和设计。随着工作室逐渐在市场上打响了知名度，我们接到的项目也越来越多，为了更好地发展，经过商议，我们几人一致同意成立一家企业。

一年之后，公司正式成立。因为有着前期工作室的基础，与其他初创企业不同，我们的企业从诞生之初就有稳定的项目和充裕的资金的加持，而且我和其他三个联合创始人既是同学又是朋友，彼此有着深厚的信任基础，因此在股权分配的问题上，我们很轻易地就达成了一致。我作为企业创始人持股40%，其余三名创始人分别持股20%。即使我们的企业在后续发展中规模不断扩大、团队成员不断增多，领导团队仍然以我们四人为主。

经过两年左右的发展，公司业务扩展到公司所在地以外的其他城市，逐渐覆盖了更多的城市，承接了很多地方电视台和省电视台的电视频道包装项目。这一时期，为了管理逐渐壮大的企业团队，我从外界引入了一名有经验的高管。出于对他的信任，我将很多核心的业务和资源都交由他负

责，也因此忽略了其他几名联合创始人的感受，这也为后续危机的爆发埋下了隐患。

这次的事件给我们领导团队敲响了警钟，与合伙人模式相比，雇佣关系如果没有制度保障很难发挥作用。同时我也反思了自己的问题，也明白了公司在企业文化和人性关怀方面的确有所欠缺。

之后，我和三名联合创始人专门组织了一次团建，深刻反思自己的问题，开始重视团队与个体、管理者与员工之间的关系管理。同时，为了避免再次出现高管挖走主力员工的事件，我们也重新确立了新的公司规章制度。除了增加制度保障，我也开始在企业内部举办一些团体活动，为员工增加福利，使员工与企业之间的关系更加紧密。在此基础上，公司又迎来了新的发展机遇。

2

合伙模式解析：多样的合伙人类型

很多创业者在创业路上并不孤单，他会和志同道合的合伙人一起实现自己的创业梦想。而随着企业所处发展阶段的不同，创业者所需的合伙人类型也不同，因此，基于合伙模式的灵活性，企业可以对合伙模式进行适当的调整与升级，以找到最符合企业发展需求的合伙人。根据合伙模式的不同，合伙人主要分为三种类型：股东合伙人、事业合伙人和生态链合伙人。

第一节 股东合伙人：以股东形式存在的合伙人

以股东形式存在的合伙人需要在工商部门以自然人或法人的身份进行登记，取得注册股东的身份认证。股东合伙是合伙的最高表现形式，也是较为稳定的合伙形式之一。

一、股东合伙人与普通股东的区别

合伙人是合伙企业的主体，既可以是组织，也可以是个人。在法学概念中，合伙人通常是指以资产进行投资，参与企业的合伙经营，并依照协议约定享有一定权利，同时承担一定义务，并对企业债务承担有限或无限责任的自然人或法人。

股东是股份制企业的出资人，通常情况下，股东作为出资者按照出资数额享有分享收益、重大决策和选择管理者的权利。股东权利的大小取决于股东所持有的股票的种类和份额多少。

股东合伙人与普通股东的区别如下：

（1）承担的责任不同。每一位股东合伙人对合伙企业的全部外债都承担无限连带责任，普通股东只需要按照出资额承担有限责任。

（2）适用法律不同。股东合伙人适用《中华人民共和国合伙企业法》（以下简称《合伙企业法》），普通股东适用《中华人民共和国公司法》（以下简称《公司法》）。

（3）承担的出资金额不同。股东合伙人要按照协议约定出资，普通股东按照出资比例出资。

（4）加入与退出的规定不同。合伙制企业需要经过全体合伙人协商并一致同意后才可设立，因此当股东合伙人想要退出或有新的合伙人想要加入成为股东合伙人时，需要取得全体合伙人的同意，并重新拟定协议；股份制企业的普通股东不可以退股，但是可以将自己的股份转让给企业内部的其他股东。

（5）利润分配方式不同。股东合伙人按照事先签署的协议约定分配企业经营利润，可以平均分配，也可以不平均分配；普通股东要严格按照股权占比分配企业经营利润，股权占比越大，所得分配利润越多。

总而言之，股东合伙人与普通股东虽然看起来相似，但实际上股东合伙人的身份更加偏向合伙人，与普通股东之间的区别也很显著。

二、原始创业合伙人+外部引进的股东合伙人

创业合伙人往往与企业创始人的价值观、经营理念等高度一致，否则也不会受到创始人的感染而追随创始人共同创业。在企业发展早期，创业合伙人的主要诉求是拥有足够多的话语权和企业经营参与权，换言之，合伙人要做管理者而非员工，因此，企业通常会拿出 8% ～ 15% 的股权分给创业合伙人，确保他们能够直接参与企业的经营管理。

而到了企业发展的中后期，创业合伙人的主要诉求是提高自己在企业中的影响力，因为随着企业融资轮次的增多，包括创始人在内的企业元老手中的股权都会被不断稀释，话语权也会随之降低。因此，为了保证自己的话语权，除了继续以自然人身份直接持股外，他们还会作为目标企业的控股股东间接持股。

实际上，在企业发展到一定阶段时，原始创业合伙人会出于各种原因离开，而新的合伙人会相继加入，这些合伙人会为企业发展带来新的动力，也理所应当获得一定比例的股权。

《合伙企业法》第四十三条规定："新合伙人入伙，除合伙协议另有约定外，应当经全体合伙人一致同意，并依法订立书面入伙协议。订立入伙协议

时，原合伙人应当向新合伙人如实告知原合伙企业的经营状况和财务状况。"

一般情况下，新合伙人有以下两种入伙方式：

1. 取得原合伙人所持的全部或部分股权

在全体原合伙人同意后，新合伙人通过资金或技术入股，以此来获得原合伙人的部分或全部股权。企业原有的资本总额与净资产没有任何变化，因此只要计算部分合伙人的股权变化即可，无须重新计算企业估值。

例如，陈某、王某、方某三人合伙开了一家装修设计公司，陈某和王某分别出资 60 万元和 40 万元，方某没有出资，但是方某具有装修、设计的才能，他以技术入股。在公司成立初期，陈某持股占比为 60%，王某持股占比为 40%，方某不占股，但可以获得绩效奖金。

公司发展得很好，陈某、王某、方某三人想要拓展公司现有业务，更需要方某在业务方面的大力支持，因此，陈某和王某二人商量后决定给方某分配 10% 的股份。现有的股权占比情况如下：

陈某：60%×（1−10%）=54%；

王某：40%×（1−10%）=36%；

方某：10%。

2. 按照投入资本获取股权

在全体原合伙人同意后，新合伙人可以以现金或其他资产的形式向企业投资，这使得企业的资产总额和净资产有所增加，企业各项资产的实际价值也发生了变化。为了避免新合伙人与原合伙人之间出现股份分配不均的问题，在新合伙人正式入伙之前，原合伙人要对企业的资产、负债等情况进行彻底的评估。

通常评估的结果有以下三种：

（1）企业之前的净资产的账面价值等于其公允价值；

（2）企业之前的净资产的账面价值小于其公允价值，企业资产升值；

（3）企业之前的净资产的账面价值大于其公允价值，企业资产贬值。

合伙关系除了法律意义上的协议约束外，更多的是合伙人之间的相互信任，它不只是资金的合伙，还是人与人之间的合伙。因为原合伙人与新合伙人相处的时间较短，彼此很难建立起足够的信任，所以企业必须要制定一套合理的新合伙人入伙流程，以保证双方的利益不受损害。新合伙人入伙流程一般包括以下内容：

（1）新合伙人的入伙，除了特殊约定外，应当经由全体合伙人一致同意后方可签署书面协议入伙。

（2）签署入伙协议时，原合伙人应当如实告知新合伙人企业的经营状况和财务状况。

（3）除特殊约定外，入伙之后的新合伙人与原合伙人享有同等权利，承担同等责任。

（4）如果企业在新合伙人入伙之前就已经欠下债务，那么新合伙人入伙之后同样对债务承担无限连带责任。

三、案例解析：以合伙人制度吸引优秀人才

2012 年，某传媒竞标成功，成功拿下湖北卫视的频道包装项目，由此在电视频道包装领域的行业地位上升到了一个新的高度。此后一年，公司陆续接到了近百家电视台项目委托，打开了知名度。在电视频道包装这一细分赛道上，公司的年收入已超千万元。

为了公司能够更好地发展，2014 年 6 月，公司变更为股份有限公司，全称为××传媒股份有限公司，在新三板挂牌。成功挂牌之后，创始人意识到，受新媒体的冲击，传统媒体的业务市场呈现不可逆的趋势，且公司的电视频道包装业务过于细分，在资本市场上的竞争不利，因此必须扩大自身的经营范围。作为公司创始人，必须保持开放的心态去面对市场上的各种变化与挑战。

出于以上原因，创始人团队决定在企业内部建立合伙人机制，希望能将企业发展的成果共享给更多员工，也希望借此机制吸引更多优秀人才。

于是经过商定，根据工作年限（3 年以上）和岗位职务（经理以上）等几条标准，创始人在企业内部几十名员工中挑选出 10 名优秀员工作为激励对象，允许他们按照员工股权激励方案的价格认购企业的股份。

此次认购股份不超过 26.35 万股，每股认购价格为 6 元，认购方式全部为现金认购。在此次认购计划发行之后，10 名激励对象全部与公司签署了认购协议，如期缴纳资金认购了股份，成了公司实际的合伙人股东。这次的股权激励计划极大地刺激了当时的其他员工的工作积极性，让员工意识到，只要努力、认真、负责地完成工作，就有可能成为企业的股东，能够参与公司的经营。

此次股权激励计划非常成功，不仅公司内部原有的员工开始更加积极主动地工作，还吸引了很多外界的优秀人才加入公司。

根据经验来看，合伙人要彼此了解、相互认可，这样才能共同为公司发展提供动力。之所以挑选那些工作年限为 3 年以上以及职位为经理以上的员工作为首批股东合伙人，一方面是因为工作 3 年证明员工忠心追随公司，而升到了经理以上的位置证明员工的能力较强；另一方面是因为在长期的相处中，这些能够与创始人频繁接触的员工也最认可公司的经营理念与价值观念。合伙人制度对公司来说是一项既适配又有效的驱动机制，为公司后续的发展立下了汗马功劳。

第二节　事业合伙人：有效的合伙人绑定方案

事业合伙（Business Partnership，BP）是一种常见的合伙模式。在引入事业合伙模式之前，企业首先要解决创始人的控制权问题，其次要解决员工持股平台的问题。通常情况下，在事业合伙模式下，员工会通过有限合伙企业间接持有企业的股权。

一、以项目明确事业合伙人，实现项目与团队深度绑定

随着企业的发展，客户需求逐渐增多，企业的业务也由原来的单一化向多元化发展，这使得企业不得不开始考虑调整组织架构，由最初的职能制架构转变为项目制架构，以提高企业对外界需求的响应速度、协调效率，增强企业对市场变化的适应性。

组织架构的调整也催生了新的合伙模式，即事业合伙模式。事业合伙模式能够将项目与团队深度绑定，但是这种模式也容易带来利益分配不均、成员推诿责任等问题，因此企业必须改变传统的以职能制架构为基础的利益分配机制，这样才能够最大限度地激发合伙人的工作动力。

例如，B企业是建筑行业内的翘楚，成立十几年之后，其组织架构僵化，业务量大幅下滑。经过调查，B企业发现自身主要存在以下四个问题：

（1）绩效评价体系不公开、不透明；

（2）薪酬奖励规则模糊；

（3）缺少与项目成员的沟通与反馈；

（4）忽略客户满意度调查。

为了解决以上问题，B企业决定调整自身的绩效考核体系，引入单项目考核与激励机制，实现员工与企业共同发展的目标。单项目考核与激励机制的优势在于项目的奖金分配能够最大限度地保证客观，同时科学、合理地区分不同项目的难易程度与特征，能够制定清晰、公开、透明的奖金分配体系与绩效考核规则。

首先，要核算项目奖金总额。单项目的奖金总额取决于项目实施的各种影响因素的综合情况，例如项目类型、规模、复杂程度等。B企业的计算方式是：项目奖金总额 = 项目建筑面积 × 单价。

其次，要明确奖金的核算时间与分配比例。一般情况下，项目的考核包括两个时间段，各阶段的考核重点不同，奖金的分配比例也不同。B企

业的奖金核算方案见表2-1。

表2-1　B企业的奖金核算方案

项　　目	第一阶段	第二阶段
核算时间节点	客户的施工图交付完成	项目竣工验收完毕
分配比例	80%	20%

在将施工图交付给客户后，B企业就要开启第一阶段的核算，因为此时的项目款基本全部收回，所以该阶段的奖金比例最高，可达80%，但一个项目必须在客户验收无误之后才算完成，第二阶段也需要B企业继续配合施工，该阶段的团队服务质量很大程度影响客户的最终满意度与续签率，因此有20%的奖金会留到该阶段分配。

再次，计算各个阶段的实发奖金数额。在对项目进行整体考核后，B企业就可以对项目的质量有具体的了解。

最后，为项目团队成员分配奖金。奖金实际上是对项目团队成员工作的肯定，B企业的项目团队成员之间虽然有着较为明确的职责分工，但也有一些难以量化的协作内容，因此，B企业要求项目经理要综合考虑工时单价、工时投入等指标来明确量化不同成员的产出与贡献，并基于此确定各位成员的奖金分配比例，并将其上报审批。

经过此次改革，B企业的变化显著。

1. 绩效增加

2021年上半年，B企业的业绩翻一番，突破5 000万元，同比增长30%。B企业负责人认为单项目考核与激励机制对企业业绩增长起到了决定性的作用。

2. 协作加强

在实施单项目考核及激励机制之后，项目团队中每一位成员的工作产出都与团队的绩效奖金息息相关，项目整体完成得越好，奖金总额就越高，各位成员分到的奖金也就越多。由于利益一致，成员之间彼此监督，沟通协作效率大大提高。

3. 质量提升

由于新的绩效考核机制对项目进行了分阶段的考察，使 B 企业也能够加强对项目进程的控制，保证项目完成的质量，及时解决出现的问题。此外，对高质量项目做出嘉奖、对低质量项目予以批评有效提升了项目的总体质量。

4. 激活员工

员工在该机制下都抢着承担工作任务，抢着对项目负责，而且担任项目经理既是对员工能力的认可，也能够使员工获得更高的报酬，同时也是员工实现自我价值的主要途径。单项目考核与激励机制极大地激发了员工的积极性与活力。

二、员工持虚拟股份，将员工转化为事业合伙人

很多企业为了激励员工，都会给员工发放虚拟股份。虚拟股份虽然不能够出售或转让，也没有普通股份的所有权和表决权，但是能够让持有者享有分红权。

虚拟股份的好处主要有两个：一个是大额的物质激励，员工可以拥有企业税后利润一定比例的分成；另一个则是精神激励，被激励对象都是对企业发展作出重大贡献的员工，虚拟股份的授予也是对他们工作的肯定与赞许。接受虚拟股份后，员工就不仅是员工，还是企业的股东，这极大地增强了员工的归属感与个人荣誉感。

虚拟股权激励主要包括虚拟股权和股权增值权两种形式。虚拟股权是企业将股权拆分为若干等值单位，而后将一定的虚拟股权授予员工，员工

可以根据所持虚拟股权的份额享有相对的分红。而股权增值权则是指激励对象能够在一定期限内获取一定股权增值所带来的收益。

制订虚拟股权激励计划的步骤如图2-1所示。

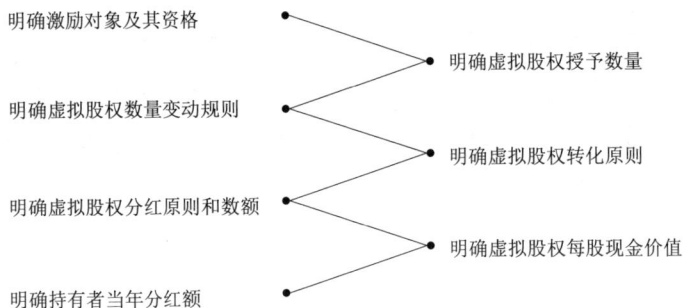

明确激励对象及其资格 → 明确虚拟股权授予数量

明确虚拟股权数量变动规则 → 明确虚拟股权转化原则

明确虚拟股权分红原则和数额 → 明确虚拟股权每股现金价值

明确持有者当年分红额

图2-1　制订虚拟股权激励计划的步骤

1. 明确激励对象及其资格

虚拟股权激励计划的受益者通常是核心员工。如果所有员工都可以获得虚拟股权，那么虚拟股权就失去了意义，只有当核心员工获得虚拟股权时，才能够激发其他员工努力工作的积极性。虚拟股权激励对象的资格评定主要从职务、工作年限以及工作表现三方面入手。

2. 明确虚拟股权授予数量

虚拟股权的发放量是有限的，企业不能无节制地给员工发放虚拟股权。一般情况下，企业会根据虚拟股权激励对象的资格排序来确定授予数量。

3. 明确虚拟股权数量变动规则

激励对象的岗位会调整，工作年限也会增加，绩效也会有浮动，因此他们手中所持有的虚拟股权数量也会发生变动。如果员工被解约或被辞退，虚拟股权会自动消失；如果员工正常离职，企业会将虚拟股权折算为现金发放给员工；如果员工工作出现重大失误，企业也可以减少或取消其所持虚拟股权。

4. 明确虚拟股权转化原则

从原则上来说，持有虚拟股权的员工只需要出资购买，虚拟股权就能够转化为实际股权，而且企业还会给予员工一定的价格优惠。另外，虚拟股权也可以转化为干股，即企业创始人可以通过签署协议将股权无偿赠予非股东的第三人。

5. 明确虚拟股权分红原则和数额

因为虚拟股权持有者需要每年获取分红，所以企业内部要有分红基金，以确保能够按期给员工发放分红。在实际操作过程中，企业通常会结合使用当期分红与延期分红两种原则，降低经营波动对虚拟股权持有者所获分红的影响。

6. 明确虚拟股权每股现金价值

虚拟股权每股现金价值可以按照下列公式计算：

虚拟股权每股现金价值＝当年实际参与分配的分红基金规模÷实际参与分红的虚拟股权总数

例如，当年实际参与分配的分红基金规模为10万元，而当年实际参与分红的虚拟股权总数为5万股，根据公式，当年虚拟股权每股现金价值=100 000÷50 000=2元/股。

7. 明确持有者当年分红额

每一个持有者当年的分红额为每股现金价值乘以持有的股权数量。例如，某员工持有的虚拟股权总数为6 000股，则其当年可获得的虚拟股权分红数额＝2×6 000=12 000元。

虚拟股权激励计划设计完成后，需要在企业内部公布，并作出详细说明。只有让员工积极参与，才能够真正发挥虚拟股权激励计划的作用。

三、某地产公司：成就共享计划+同心共享计划

某地产公司内部有一项成就共享计划，目的是激发区域或项目员工自主工作的积极性，以促进企业的业绩快速增长。从本质上来说，成就共享计划就是由企业总部向区域公司下放权力，与区域公司内部高管共享一定比例的净利润，形式上更加偏向合伙人模式。

该地产公司成就共享计划规定，只要项目同时满足以下两个前提，就能获得一定比例的净利润分红：

（1）一年内集团自有资金投入全部回笼；

（2）项目累计回笼资金＞自有资金投入＋年化自有资金标准收益。

因此，该地产公司下属公司干劲十足，很多公司跨省买地，但由于买地和开发任务分属于不同团队，成就共享计划并没有覆盖所有员工，也产生了很多诸如买地之后开发不到位的问题。为了解决这些问题，该地产公司将成就共享计划升级为同心共享计划。同心共享计划即项目跟投机制，这一机制实现了合伙人之间的利益共享和风险共担。

该地产公司的所有项目都由企业和管理层员工共同出资开发，总部要跟投所有项目，出资比例为1%～5%；区域公司跟投自己区域内的项目，出资比例最高为10%。该地产公司总部总裁、董事、管理层员工以及区域公司总裁、董事、项目负责人等必须出资跟投，其他员工可自愿跟投。

最终，在某项目中，该地产公司共有1 500多名员工自愿跟投，筹集了将近6亿元资金。同心共享计划作为一种合伙人模式，显著提升了该地产公司的资金周转率、利润率，同时还解决了成本来源、团队管理等多方面的问题，形成了"全员买地，全员营销"的氛围，让员工的利益与企业的收益捆绑在一起，共同推动企业健康发展。

四、事业合伙人案例解析：以项目打造合伙方案

××传媒在新三板挂牌后，便增设了股东合伙人，扩大了业务经营范围。面对日益增长的业务量，企业内部实行项目管理责任制。

从成立到挂牌的这几年，企业内部始终都保持着"大锅饭"管理制度。所谓"大锅饭"管理制度，即企业内部从领导到员工，全部采用统一制度管理，一起攻克同个项目，项目收益均分，大家共同加班，共同休息。在当时，创始人认为这种管理制度很好，人人平等，大家同企业共进退。

由于当时的业务较为简单，只接电视频道包装项目，因此，这种"大锅饭"制度的弊端并未显露出来，但随着业务增多，创始人发现这种散漫的管理机制和几乎没有的绩效考核制度滋生了部分员工懒惰的心理，工作效率很低，项目也没有办法按期完成。创始人觉得是时候作出改变了，改革后的项目管理责任制就完美地实现了目标。

创始人将企业内部的管理人员和员工划分为 10 个团队，每个团队都会有项目总监独立带领。而为了更好地管理划分后的团队，还特意聘请了一位人力资源顾问，制定了科学合理的人员管理制度。

项目管理责任制明确规定项目奖金总额与项目完成情况息息相关，而项目团队中每位成员的绩效和奖金都来自项目奖金总额，各成员依据贡献和职位不同，所获得的奖金多少也不同，因此，项目完成得越好，团队成员所分到的奖金也就越多，团队成员越努力，自己的绩效也就越多。

每一个项目团队都是一个相对独立的组织，每一位项目总监都有了控制成本、提高利润的意识，而团队成员也由于一致的利益而加强内部沟通，彼此监督，共同完成项目。为了确保项目管理责任制发挥最大作用，该企业还设置了奖惩机制：项目完成得好的团队，会获得额外的年终奖奖励，表现好的个人还可能成为股权激励对象；而项目完成得不好的团队则会受到惩罚，从团队到个人，逐级追究责任，如果一个团队长期表现得不好，则会被裁撤。

在项目管理责任制和奖惩机制下，各个团队之间是竞争关系，一些团

队逐渐被优化掉，而留存下来的团队的战斗力更强，也更加服从企业的管理；员工的主人翁意识更强，能够认真对待每一个项目。但随着时间推移，项目管理责任制的弊端也显露出来，具体表现为团队之间的业务有重叠，会产生抢夺资源的冲突，发生团队内耗。总体来说，项目管理责任制为公司提供了更广阔的发展空间，也为其后续发展奠定了坚固的管理基础。

第三节　生态链合伙人：为企业提供外部资源

为了顺应时代发展与产业结构不断调整的趋势，企业必须借助资源整合在市场竞争中取得优势，塑造更具价值的生态链。而生态链合伙人则是指企业的客户、供应商、经销商等位于企业生态链上下游的同企业具有利益关系的一类人，他们也会直接或间接地参与企业的对外经营活动。

一、关注企业上、中、下游多节点，寻找产业链合伙人

从产业链的角度来看，生态链合伙模式可以分为上游合伙和下游合伙两种，前者主要是供应商合伙、制造商合伙等，后者多为经销商合伙、项目合伙等。而合伙的实质则是把对企业发展有利的人，例如有渠道、有资源、有资金的这类人整合到一起，使他们成为企业的合伙人。

产业链合伙是生态链合伙模式中较为新颖的一种类型，企业可以从以下两个方面入手整合产业链合伙人：

1. 渠道入股企业

渠道入股企业模式与项目合伙模式类似，企业可以设置相应的福利，吸引渠道入伙，并根据其贡献给予其相应的股权和分红。

2. 企业入股渠道

企业入股渠道更加偏向轻资产运营模式。在传统的商业模式中，渠道要面临很大的库存压力，而企业入股渠道后，不仅能够分散这些压力，同时企业还能够为渠道提供装修、策划等一系列服务。而相应的，企业根据自身的贡献，可以获得渠道企业一定比例的股份，并且获得相应的分红。企业入股渠道这一模式适用于很多行业，例如新零售行业、电商行业等。

不同的企业所处的行业、经营年限以及所处的发展阶段不同，因此不同的企业对于合伙人会有不同的需求，而产业链合伙人能够很好地满足企业多变的需求。但是需要注意的是，在招纳产业链合伙人时，创业者也要意识到潜在的问题，要通过设立各种制度以及签署各种协议，来保障自己对企业的控制权，不要造成控制权旁落或业绩下滑的局面。

以某经销商为例，该经销商主要负责销售某零售连锁企业的产品，由于其所处地区具有特殊性，因此具有特色的经营模式和管理方式，但在该零售连锁企业成为该经销商的产业链合伙人后，经销商特有的经营模式和管理方式不得不按照零售连锁企业的要求进行改革，改革后的经营模式和管理方式明显"水土不服"，不仅员工认为考核标准失之偏颇，就连管理人员也认为分红机制不公平，消费者也认为现在的经营模式很难让人适应。最终，在业绩连续大幅下滑 3 个月后，该经销商将经营模式和管理方式调整了回去，业绩才有所上升。

二、关注不同城市的合作伙伴，寻找城市合伙人

城市合伙人是一种新型的生态链合伙人，它在传统的分销渠道基础上融入了粉丝经济、会员经济以及合伙人制度的内容，使分散的加盟式管理转变为合伙人制的集中式管理，不仅分散了直营风险，还建立了统一的管理机制。在城市合伙人的模式下，企业成为对内加盟、对外合伙的一个整体。

通常情况下，城市合伙人主要有以下三种类型：

1. 股权合伙人

以服装品牌功夫熊为例，功夫熊将自己现有的经营模式、管理机制和资源提供给加盟经销商，并通过一些合理的机制来获取相应的回报和收益，简而言之，功夫熊是以技术和资源入股经销商企业，获得股权分红，这一关系也符合法规中的合伙人企业的设置条件。

2. 零成本合伙人

以阿里巴巴的城市合伙人为例，阿里巴巴的城市合伙人不用与品牌签署正式的《劳动合同》，因此并不是品牌的正式员工。从严格意义上讲，他们更像阿里巴巴的B2B（企业对企业的电子商务模式）民间推广人员，他们只需要运营零售店，通过专属App进货，开展运营活动，促进零售网店的业绩提升，就能够成为阿里巴巴的城市合伙人，简而言之，就是利用现有的产品资源、品牌资源、渠道资源等自主创业，合伙人不用支付任何额外的费用。

3. 保证金式合伙人

此类合伙人与零成本合伙人较为类似，但不同的是，在成为正式的合伙人之前，保证金式合伙人要支付一笔加盟保证金。传统加盟一般分为自愿和委托加盟两种模式。自愿加盟的每个店面都是独立经营，自负盈亏。而委托加盟的加盟商只有经营管理权，实际控制权在品牌总部。保证金式合伙人是二者的结合，只要缴纳一笔加盟费，品牌总部就会输出标准化产品和管理模式，合伙人与品牌总部按协议进行分红，共同经营品牌。

在城市合伙人模式下，品牌与合伙人双方实现了利益捆绑，品牌能够扩大经营，合伙人能够低成本创业。除此之外，消费者也能够获得更加舒心的产品体验。

但是城市合伙人有一定的加盟门槛，合伙人不仅要对品牌有所了解，还要对行业整体情况有一定认知，需要具备一定的渠道和社交能力，以及相应的管理能力、学习能力。

三、36氪：发布城市合伙人招募计划

36氪是一家专注科技创投领域的综合服务集团，主要经营新商业传媒、联合办公空间和金融信息提供等业务。为了更好地扩大自身影响力，同时也为了打响品牌知名度，36氪发布了城市合伙人招募计划。

36氪希望未来的城市合伙人是正在从事或有志于从事创投行业的个人或企业，这样便于后续的业务对接。合作形式则以授权点为合作主体，一个合伙人可以和多个授权点合作，一次合作的年限为3年，到期后可以优先续约，如果选择终止合作，合伙人可以按照市面上的股价将股权卖给36氪。

除北京、上海和深圳暂不开放授权点外，36氪将全国可开放授权点的城市进行了评定：A级城市开放3个授权点，B级城市开放2个授权点，C级城市开放1个授权点，国家级新区开放1个授权点。为了更好地保障合伙人的权益，在合伙人加盟期内，36氪不会在合作城市设立直营点。例如，小李在某C级城市与36氪合作开设了授权点，那么从授权点成立之日起3年内，36氪都不会在该城市设立品牌直营点。

36氪城市合伙人的合作内容也非常丰富，包括产业创新中心、产业项目对接、活动策划等多种业务，满足对不同方向感兴趣的合伙人的需求。

四、精鹰扩张："合资公司+并购"，寻找产业链合伙人

人们对合资公司的简单理解就是双方共同出资，合伙经营一个公司，双方各自拥有一定的股权，共同承担公司运营支出与风险，共同享有公司的利润。并购的全称为兼并收购，兼并是指一家资源、规模占优势的企业吸收另一家企业；而收购则是指一家企业通过现金、股票等方式获得另一

家独立企业的资产或股权，从而获得对其的实际控制权。

2018 年，我有幸担任佛山市电影行业协会副会长一职。2020 年，我又出任佛山市广电网络视听协会会长一职。在这些协会中，与同行们的交流让我结识了很多想要涉足电影行业的朋友。由于我们各自手中都持有一定的资源，也都具有较丰富的影视从业经验，我与这些朋友一拍即合，决定共同成立影视公司。

2021 年 4 月，广东精鹰传奇有限公司（以下简称"精鹰传奇"）正式成立。精鹰传奇由精鹰传媒和佛山市金壳影业有限公司（以下简称"金壳影业"）共同出资设立，精鹰传媒出资 510 万元，持股比例为 51%，金壳影业出资 490 万元，持股比例为 49%，我们双方采用出资认股的形式建立了合伙机制。

而为了进一步拓展业务领域，2022 年 2 月，精鹰传媒收购了广东花开朵朵文化传媒有限公司（以下简称"花开朵朵"）。花开朵朵成立于 2016 年，是一家品牌文化专业机构，专业为客户量身定做推广活动方案及基于文化产业的策划、运营全方位服务。

通过以上设立合资公司和并购的方式，公司最终搭建了网络视听生态平台，吸引了更多有资金、资源的优秀人才和企业加入我们。现在的公司已经升级为一家综合型的网络视听赋能服务集团公司，旗下的影视制作、影视投资、文化活动、影视教育、新媒体直播等业务板块资源共享、协同赋能，致力于推动网络视听行业与制造业的联动，实现网络视听行业快速持久发展。

我认为，每个企业、团队和个人都有其各自的优势，但将它们全部吸纳成本太大，而采用产业链合伙人机制，在降低成本的同时还能够扩大各自的影响力，真正实现"1+1>2"的效果。

3

第三章

合伙人选择：寻找志同道合的合作伙伴

　　单枪匹马创业虽然勇气可嘉，但对于大部分人来说，单独创业意味着抗风险能力也会大大降低，因此，很多人都会选择和志同道合的合作伙伴一起创业。但合伙人的选择并非一件易事，创始人首先要明确自己需要何种类型的合伙人；其次要从正规途径寻找合伙人；最后要吸引合伙人，使短暂的合伙创业变为持续、长久的合伙创业。

第一节 明确需求：找什么样的合伙人

合伙人的品质、性格、能力以及其所拥有的资源各有不同，创始人与不同类型的合伙人进行磨合所花费的成本也不同，因此，创始人必须明确自己的需求，确定自己需要的合伙人类型，这样才能够以最快速度和最小成本与合伙人磨合成功，实现优势互补，为企业创造最大价值。

一、高价值：拥有稀缺资源，与创业团队互补

对于企业而言，稀缺资源是能够为企业带来竞争优势和巨大经济效益的生产要素。创始人首选的合伙人就是拥有稀缺资源、能够与创业团队形成优势互补的高价值合伙人。最常见的稀缺资源有资金、技术和渠道。

1. 资金

资金是企业发展的血液，是企业能够持续生存的源泉。很多初创企业都是由于资金不足而倒在了起点，无论是招兵买马还是打开市场，企业都需要资金的支持。例如，阿里巴巴在成立之初，合伙人几乎全部是技术人员，资金非常短缺，而后投资家孙正义作为股东合伙人向阿里巴巴投资 2 000 万美元才使得阿里巴巴在当时高抛低吸的糟糕熊市中度过危机，成功存活下来。

2. 技术

技术是一家初创企业的竞争优势所在，同时也决定了这家企业能否稳

定生存下去。很多企业的创业者和合伙人都是技术人员出身，例如阿里巴巴的"十八罗汉"之一谢世煌在加入阿里巴巴之前曾在一家咨询科技公司工作过，他在工作中积累了丰富的实践经验，为后续成为阿里巴巴的合伙人打下了基础。

3. 渠道

渠道是企业最重要的资源之一，同时也是变数比较大的资源。一般来说，搭建渠道需要很长时间。蔡崇信作为阿里巴巴的创始合伙人之一，为阿里巴巴带来了大量的渠道资源。蔡崇信作为著名投资人，积累了丰富的渠道资源，在加入阿里巴巴之后，他利用这些资源先后为阿里巴巴拉来了高盛、软银等共计几千万美元的投资，成功使阿里巴巴的发展步入正轨。如果没有蔡崇信，仅凭阿里巴巴自己很难在短时间内获得如此多的投资。

综上所述，创始人在选择合伙人时，需要考虑合伙人自身所持有资源的稀缺性以及其与企业的互补性，以确保合伙人能够在企业经营中发挥更大作用。

二、高潜力：以潜力模型分析合伙人的潜力

选择合伙人是一件非常慎重的事情。企业与合伙人是互相成就的，一个具有潜力的合伙人能为企业带来更多的资源与发展机遇，而企业也能为合伙人带来更多的财富与更高的声望，由此可见，选择一个具有高潜力的合伙人非常重要。

除此之外，对于初创企业而言，除非创始人的影响力、资金、技术经验等都具备很大优势，否则很难找到完全适合自己的合伙人，因此，创始人在寻找合伙人时，必须考虑其是否具有潜力，要找到具有高潜力的合伙人。

知名高管寻访企业亿康先达总结出"1+4"潜力模型，用来帮助创始人寻找具有高潜力的优秀合伙人。所谓"1+4"，即"正确动机 +4 种特质"，其中"1"指正确动机，"4"指求知欲、洞察力、沟通力、意志力四种特质，如图 3-1 所示。

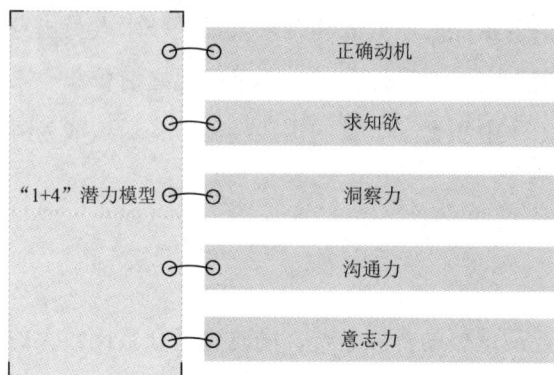

图3-1 "1+4"潜力模型

1. 正确动机

正确动机是潜力模型的核心。实践经验表明，只有具备正确动机的合伙人才具有强烈的责任感与投入感，才愿意为了企业持续付出，而不是没有立即看到回报或看到一点回报之后就立即退出。

2. 求知欲

求知欲指人对于新知识、新体验的渴望程度。合伙人的求知欲越强，越能够以开放、积极的心态去学习新的内容，并不断修正以往的问题。

3. 洞察力

洞察力指人窥见事物本质的能力。如果合伙人的洞察力很弱，就很容易被错误的信息所蛊惑，企业发展也会受到影响。

4. 沟通力

沟通力指合伙人与创始人及外界沟通的能力，是情商的体现。沟通力强的人往往能够博得他人好感，能够事半功倍地打造企业形象、吸引投资。

5.意志力

意志力指人在面对困难与挑战时，依旧能够持之以恒地为了目标努力的品质。

合伙人如果能够满足"1+4"潜力模型的所有条件自然是最好的，但如果只满足其中的几个也是合格的合伙人，同样能够为企业带来可观的效益。

例如，江小白的创始团队就十分符合"1+4"潜力模型。一群年轻人凭借想要做一番大事业的热情聚集在一起，面对广阔的白酒红海市场，他们没有退缩，而是保持旺盛的求知欲不断去调查、探索，在白酒的口感、价格方面进行改革。而后，他们又凭借敏锐的洞察力，抓住了"酒文化"这一因素，通过年轻化的个性文案成功破圈，吸引了大批年轻消费者，在茅台、老白干、老村长等传统白酒的重重包围中开拓了一片蓝海。在这个过程中，高超的沟通技巧和强大的意志力同样也是必不可少的支撑因素。

市场情况瞬息万变，让人难以预料，为了能够紧跟市场步伐，创始人必须为初创企业找到高潜力的合伙人。高潜力的合伙人具有可塑性，更容易与企业磨合成功，能够帮助企业更好地适应市场的变化，因此，相比于审视合伙人过去以及现在的表现，对于合伙人未来潜力的评估更加重要。

三、高品行：拥有较高道德修养

对于创始人来说，选择合伙人并不是简单地挑选合作伙伴。创始人和合伙人会在工作、生活等很多方面产生交集，如果合伙人的品行不端，道德修养较低，那么很有可能给创始人和企业带来灾难。

品行端正的合伙人能够带动创始人和企业中的其他员工一起注重自身道德修养，对于打造企业形象有着良好的促进作用。那么高品行的合伙人应该具备哪些品质呢？如图 3-2 所示。

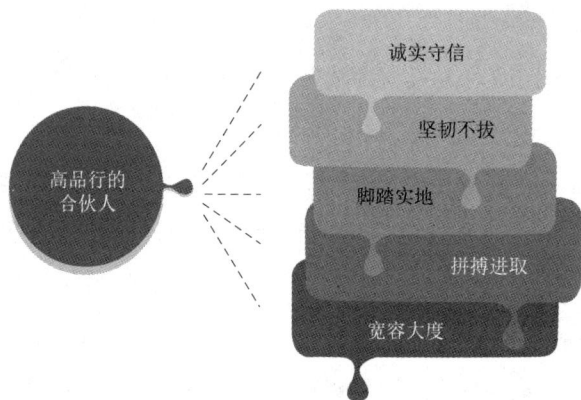

图3-2　高品行的合伙人应该具备的品质

1. 诚实守信

诚实守信不仅是商业道德的要求，还是创始人对于合伙人的基本要求。良好的信誉是走向成功的必备前提。创始人可以通过了解合伙人的个人征信、旗下企业征信，以及共同的朋友圈来了解合伙人是不是一个诚实守信的人。

新世界发展有限公司（以下简称新世界）的创始人曾总结过"守信用、重诺言、做事勤恳、处事谨慎、饮水思源、不见利忘义"的二十三字箴言强调诚实守信的重要性。正是凭借诚实守信的良好品质，新世界才一跃成为全球知名的大型发展商之一。

2. 坚韧不拔

初创企业在短时间内难以取得预想中的回报是十分正常的事情。在企业起步初期，企业会面对各种困难与挑战，对于意志力不坚定的人来说，他们很容易放弃，也会因此贻误企业发展的大好时机，因此，合伙人的意志力是否坚定是十分重要的评判标准。

3. 脚踏实地

脚踏实地的合伙人也许不善言辞，但他们却乐于默默付出，为企业添砖加瓦。只有筑牢现在的基石，企业才有机会和能力去规划未来的发展。比起夸夸其谈的空想家，脚踏实地的奋斗者更适合作为初创企业的合伙人。

4. 拼搏进取

时代的发展速度越来越快，没有勇气拼搏进取的人迟早会被时代淘汰。同理，在这种人的引领下，企业也会被变化的市场淘汰。有积极的人生态度、能够不断拼搏进取的合伙人，能够和创始人一起带领企业更好地迎接时代的挑战。

5. 宽容大度

没有人能够永远作出正确的选择。在创业过程中，如果合伙人因为创始人某个决策失误而大发雷霆、不依不饶，那么很容易在团队中造成隔阂。对于初创企业来说，创始人团队内部的隔阂远比资金短缺更加可怕。除此之外，宽容大度的合伙人也更擅长团队合作，他们会将团队利益放在首位，促进企业和谐发展。

蔡崇信曾经解读过阿里巴巴的合伙人制度，他认为阿里巴巴的合伙人制度提高了整个企业的道德标准。资源、能力并不是成为阿里巴巴合伙人的主要评判指标，道德品质才是。每个新入职的合伙人都要接受长达 3 年的调查，以确保其品行端正，保证阿里巴巴的合伙人团队是一个良性团队，有利于激发团队活力并提升团队绩效。

第二节　怎样找：了解寻找合伙人的途径

真格基金的创始人曾经说过："合伙人的重要性超过了商业模式和行业

选择，比你是否处于风口上更重要。"那么初创企业究竟应该怎样找到适合自己的合伙人呢？又有哪些途径和方法可供选择呢？本节将给出答案。

一、五同关系：合适的合伙人就在身边

五同关系中的"五同"指的是创始人的同学、同事、同行、同乡和同好。一份对各个行业的企业合伙人的调查显示，很多企业的创始人团队成员都源于五同关系。相比盲目地寻找陌生的合伙人，显然创始人会更加了解五同关系中的成员，与之磨合也会节约更多的时间和精力。

以新东方为例，最初新东方的合伙人团队中有俞敏洪、王强和徐小平三人，虽然王强和徐小平在之后有了其他的目标，退出了新东方，但不可否认的是，如果没有王强和徐小平，也就没有后来的新东方。

1980 年，俞敏洪和王强一同考入北京大学英语专业。俞敏洪出身农村，去北京上大学是他第一次真正意义上进入大城市。而王强背景较好，多才多艺，在同学间很受欢迎，后来还担任了北大艺术团的团长。由于之前受到教育条件的限制，俞敏洪的英语水平在班级中并不算好，他又敏感自卑，只得暗自努力。而王强因为喜好读书，逐渐注意到与之有相同爱好的俞敏洪。俞敏洪勤奋刻苦的精神深深感动了王强，二人从同学、同好逐渐成了密友。

1983 年，徐小平到北京大学担任艺术团的指导老师，王强和俞敏洪的友谊以及热爱读书的特性吸引了徐小平，他们三人成了好友。之后，俞敏洪提出了开办校外英语辅导班的想法，在当时的情况下，这件事情很难做成功，但王强与徐小平都支持俞敏洪的决定。他们三人一起度过了那段艰难的时光，迎来了希望的曙光。

1993 年，北京新东方学校正式成立。2001 年，新东方教育科技集团挂牌成立。2006 年，新东方教育科技集团在纽约证券交易所成功上市。

如果没有王强和徐小平的鼎力相助，俞敏洪恐怕不会取得如此大的成就，新东方也不会有后来的成绩。当初的俞敏洪没有资金、没有场地、没有渠道，除了作为好友的王强和徐小平外，没有任何一个陌生的合伙人会

对俞敏洪伸出援手。由此可见，五同关系中的合伙人是初创企业取得成功的重要条件之一。

当然，要想充分利用五同关系，创始人还要在不同时期、不同条件下作出不同的决策。很多创始人避讳在自己的熟人中寻找合伙人，虽然并不是所有五同关系的人都适合作为合伙人，但依据一定的标准从中筛选合适的合伙人仍然是目前最为高效且可靠的寻找合伙人的方法之一。总而言之，志同道合、彼此信任、优势互补的合伙人是保证初创企业平稳发展的前提。

二、借势寻找：通过猎头寻找合伙人

仅凭一己之力，很多创始人很难找到合适的合伙人，因此创始人可以借助猎头寻找符合自己需求的合伙人。有关统计显示，70% 的高级人才通过猎头公司调整工作，90% 以上的知名大公司利用猎头择取人才，可见猎头在寻找合伙人方面具有很强的优势。

猎头招聘不同于一般的企业招聘，猎头接触的大企业中的高级人才更多，而很多高级人才在人力市场中很少公开流动，因此创始人通过正规猎头公司能够很快找到企业发展所需要的合伙人。同时，猎头公司也能够对这些人才的背景和履历进行调查，确保不会出现弄虚作假的情况。

除此之外，猎头还能够为初创企业提供专业的人才招聘建议。猎头能够从客观角度出发，不断调整创始人的需求，使其找到最符合企业发展的合伙人。并且在寻找合伙人的过程中，猎头还会严格遵守保密协议，有效避免同行竞争和挖墙脚的情况发生。通过猎头公司寻找合伙人，大大节约了创始人和合伙人的时间，同时也有利于创始人和合伙人进行薪资谈判。

猎头公司主要通过以下渠道搜索人才信息：

1. 人才市场等人才集中地

虽然某些高级人才很少在人才市场公开流动，但猎头公司通常会与人才市场、行业协会等建立合作关系，一旦有目标对象出现，人才市场就会将其推荐给猎头公司，猎头公司就能够直接与之联系，向其推荐合适的企业。

2. 企业新闻

猎头通常对企业信息有很高的敏感度，例如哪些行业发生变化，哪些企业上市或倒闭等。一旦出现这些消息，就意味着某一区域或某一行业中的人才将会大量流动，这对于猎头来说是出手的绝佳机会。

3. 社交及求职平台

互联网的发展使得线上招聘越来越方便快捷，很多求职平台都是猎头重点关注的对象，例如前程无忧、BOSS 直聘、智联招聘等 App 都是猎头寻求目标对象的主要平台。此外，小红书、微博、朋友圈等社交平台也能够为猎头提供求职的一手信息，猎头能够迅速筛选目标对象。

4. 猎头公司自有人才库

很多大型猎头公司的核心员工能够为其带来一半以上的收入，原因就在于这些经验丰富的老猎头往往是在其他行业打拼很久的人，他们积累了相当丰富的渠道资源。而猎头公司可以将这些渠道资源汇集起来，建立公司内部的人才库，在有需求的时候，避免海底捞针似的寻找，能够高效率地检索出目标对象并将其推荐给雇主。

通常在合伙人入职两个月后，且创始人对合伙人满意，猎头公司才会收取全部中介费用。如果创始人表示这名合伙人不合适，猎头公司还会为其提供 2～3 名的备选合伙人，最大程度满足创始人的需求。

三、行业聚会：借活动寻找合伙人

活动能够拉近人与人之间的距离，促进彼此了解。对于创始人来说，多参加一些行业内举办的活动，如行业聚会等，对于寻找合适的合伙人非常有帮助，因此，创始人要注意各个行业举办的行业聚会，并且有目的、有选择性地参加一些聚会。行业聚会是行业内各企业的负责人联络感情、开展合作、互相传授经验的重要场合，同时也是获得行业消息的重要渠道之一。

例如，2022 年 8 月 20 日，2022 年度教育行业交流会在武汉举行。近百家相关机构的负责人参加了此次会议，大家欢聚一堂，互相交流行业经验，探讨行业发展新方向。深圳市胜锐教育咨询有限公司（以下简称胜锐教育）的负责人汤凯与广东民生在线教育科技有限公司的（以下简称民生在线教育）创始人潘国强进行了致辞，并就双方企业的合作发展进行了洽谈。汤凯表示，对于胜锐教育来说，民生在线教育的强劲实力与在线上教育领域深耕多年的经验正是他们所急需的，未来双方将会开展更加深入的合作。

在行业聚会中，初创企业创始人首选的合伙人大多是极具社交能力的人才。因为随着社会的发展，人与人之间的交流变得愈发重要，无论是洽谈合作，还是推销产品，抑或是在企业内进行团队合作，都离不开良好的社交能力。因此，创始人需要一个社交能力较强的合伙人，以此来扩大自己的朋友圈，在更多的社交场合展示自己的企业，为企业争取更多的业务和资源。想要通过行业聚会找到自己需要的合伙人，创始人就要注意以下几点：

（1）创始人要及时了解行业聚会的动态信息，包括聚会的时间、地点、主题等。例如近两年，很多行业聚会改为线上举办，创始人要及时了解相关变动。

（2）创始人要按需找人。创始人要事先明确自己的需求，精准筛选人才，切忌见到一个实力更强的人才就忘记自己原本的需求。对于初创企业来说，对的人远比强的人更合适。

（3）创始人要主动出击，提高自身关注度，不要在角落里只听别人讲话。主动攀谈并和别人交换名片，是能够让别人快速记住自己的方法之一。

（4）创始人要遵守聚会规则。参加行业聚会时，创始人要做到不迟到不早退，在面对与自己观点相左的人时，也要心平气和地交流，不要大吵大闹。

第三节　吸引合伙人：打造企业核心吸引力

企业的核心吸引力是吸引合伙人的重要因素。企业核心吸引力主要通过以下三个方面打造：一是企业要明确自身价值观，积极寻求合伙人的价值认同；二是通过高潜力共创项目吸引合伙人；三是创始人借助社交媒体展示自身人格魅力。基于以上三个方面，企业可以更好地提升自身的核心吸引力，吸引更多志同道合的优秀合伙人。

一、明确企业价值观，寻求价值认同

企业价值观是企业在经营过程中所体现的基本理念，同时也是企业大多数员工对企业意义的判断，简而言之，企业价值观实际上就是绝大多数员工的个人价值观的趋同总和，同时也是企业文化的核心内容。对于初创企业的创始人来说，为自己的创业团队找到价值观趋同的合伙人是一项非常重要的任务，特别是在创业初期，价值观趋同的合伙人更能够减少内耗的发生，对于提升企业运营效率有着重要的影响。

那么企业应拥有什么价值观才更容易吸引有相同价值认同的合伙人呢？如图3-3所示。

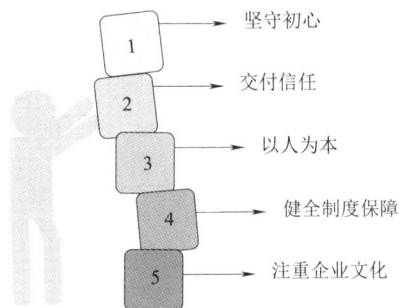

图3-3　企业应拥有的价值观

1. 坚守初心

大部分初创企业创始人的创业目的都是希望自己能做出一番大事业，在某个领域有所成就，但实际上，面对众多困难与挑战，很多人都选择放弃，或者偏安一隅，忘记了自己创业的初心。如果创业团队不坚守自己的初心，仅仅以名利作为自己的目标，那么企业的发展会受到限制，也将难以在同质化的市场竞争中占据优势。而坚守初心的创业团队更容易吸引志同道合的人，更能够使大家坚定地朝着既定的方向走下去。

2. 交付信任

无论是对合作商、消费者等外界人士来说，还是对创业团队内部成员来说，信任都是连接人们之间感情的纽带，是支撑企业运行的重要因素。在企业经营过程中，团队内部难免会出现因沟通不畅或其他原因而导致的问题，此时创始人一定不要盲目怀疑任何团队成员，在问题调查清楚之前，一定要给予团队成员充足的信任，千万不要自毁根基。

3. 以人为本

坚持以人为本的原则能够更好地激发创业团队成员的潜能，让成员以最快的速度融入团体、企业和社会，为企业带来更大的效益。初创企业可以建立一套简单易行的成员培训机制，例如一定程度内的授权体系、岗位技能培训等，要充分考虑团队成员的心理与情感需求，在企业的后续发展过程中，可以在此基础上进一步完善相关机制。

4. 健全制度保障

麻雀虽小，五脏俱全。即使是初创企业，创始人也要从一开始就建立健全的薪酬、管理等制度，保证团队成员能够获得实际物质利益并得到尊重。根据企业实际情况，创始人可以提供各种配套福利，例如下午茶、健身房等。此外，创始人还要定期召开合伙人大会，听取各类意见，使团队成员彼此监督，促进企业和谐发展。

5. 注重企业文化

企业良好的文化氛围有助于吸引高素质的人才加入。企业的竞争归根结底是文化的竞争，良好的企业文化能够更快地推动企业价值观的形成。

拥有相同价值观、愿景、利益是吸引合伙人的重量级法宝。当企业的价值观模糊不清，合伙人无法获得价值认同时，再多的股份、薪资都无法吸引顶级的合伙人，因此企业需要通过一系列的措施明确价值观，获得合伙人的价值认同。

二、以高潜力共创项目吸引合伙人

高潜力共创项目是指具有很大发展潜力的项目，这种类型的项目往往需要由多个团队分工合作完成。高潜力共创项目能够以最小的成本进行资源整合，打通产业链上下游，形成优势互补，实现双赢甚至多赢。有经验的合伙人通常更看重高潜力共创项目，因为这种项目的完成可能性更高，竞争优势也更大，能够带来的利润也更多。

高潜力共创项目通常具有以下三个优势：

1. 技术优势

技术是一个项目能在众多项目中脱颖而出的核心因素，技术难度越高的项目越难以被人模仿，其细分赛道上的竞争者也就越少。

例如某家具纺织企业曾研发一款枕头，这软枕头以高回弹性、高环保性、有助于睡眠的优势迅速打开了市场，但随后有一大批模仿者开始模仿这款产品，以更低的价格进行销售。然而，时间一长，消费者就发现，虽然后来的产品价格更加便宜，但是其效果远没有最初的产品好。原因就在于，这些效仿品牌只学到了"形"，没有真正研发出其中的关键技术。这家企业随后获得了一大笔投资，继续保持其在该细分赛道上的优势。

2. 市场优势

一个具有巨大潜力的项目必然不会是默默无闻的，即使它还只是雏形，但其在市场上也已经被消费者所熟知，这得益于前期的铺垫与造势。很多合伙人喜欢在市场中寻找有潜力的项目进行合作，而具有市场优势的项目显然更容易受到他们的青睐。

3. 资金优势

没有资金的支持，无论多么优秀的项目都难以开展下去。有充足资金支持的项目很容易聚集优秀人才，无论是技术研发还是市场营销，都能够顺利进行，项目的盈利速度也更快，获得的盈利能够投入新一轮的研发中，由此形成正向的资金循环。

合伙人加入一家企业的主要目的是希望能够做出一番事业并获得一定的报酬，如果没有物质报酬，精神奖励也就无从谈起，因此，高潜力共创项目一定是能够盈利的项目，只有这样才能够吸引潜在合伙人，让合伙人看到更多可能性，最终实现双赢。

三、通过社交媒体，展示创始人人格魅力

社交媒体在网络时代是人们日常生活和工作中不可缺少的交流平台，其具有强时效性，支持实时高频互动，并提供海量前沿信息。利用社交媒体，人们可以足不出户地获取各行各业的最新消息，而初创企业的创始人也可以借此扩大企业的影响力，展示自己的人格魅力，吸引潜在合伙人的关注。

当前社交媒体种类繁多，有微博、微信、公众号、内容社区、小红书等。在这些社交媒体上，创始人可以通过以下几种方式高效展示自身人格魅力，拉近与潜在合伙人之间的距离。

1. 提高自身文化水平

诚然，很多企业创始人的文化水平并不高，但他们也会在经营企业的过程中不断进修，学习各种知识技能，例如管理类课程、外语类课程等，以获得更高学位，不断充实自我。只有这样，创始人才能够在社交媒体上进行高质量、有深度、有水平的发言，吸引潜在合伙人的注意。

例如我作为公司创始人，出于对新三板上市的执着，特意在一个新三板主题培训班报了名，以学习相关知识。对我而言，那段日子并不轻松，但我面对大量新知识并没有退缩，而是迎难而上，这些新知识也为我后来招揽融资提供了极大的参考。

2. 关心时事新闻

初创企业的创始人要随时关注外界发生的变化，例如某项政策的发布、行业股市的变动等，结合自己的观点在社交媒体上发布内容，体现自己对行业的关注。需要注意的是，发布的内容一定不可以偏激，要从客观的角度理性分析，偏激的内容容易被外界过度解读，对企业造成不好的影响。

3. 保持不卑不亢的态度

无论是面对比自己地位高还是地位低的人，创始人都要始终保持不卑不亢的态度。在社交媒体上，创始人的一言一行都代表着企业的形象，如果创始人的发言过于自大或卑微，很容易使人将企业与负面词汇联想到一起。

4. 热心公益与慈善

一些创始人将企业的一部分收益回馈给社会，这样不仅能够帮助有需要的人，还能够提升企业形象。很多企业都会资助失学儿童复学，或为孤寡老人捐助公益设施，在发生自然灾害时也慷慨解囊帮助灾区人民。例如鸿星尔克为水灾地区人民捐助了几千万元资金和物资，赢得了"良心国货"的称号。

社交媒体作为打造企业形象的重要渠道，创始人在上面展示的独特人格魅力可以带来许多隐性资源，合伙人也会通过网络上的信息筛选合适的合作对象。实践证明，具有独特人格魅力的创始人更容易赢得合伙人的青睐。

四、从不放弃求知欲，倒逼自己进步

我一向是个求知欲旺盛的人，也正是这种求知欲才让我一步一步走到了今天。当时凭着这股求知欲，我开始学习企业管理。随着薪酬、管理等制度的相继敲定，我也逐渐掌握了企业管理的要领。以我参与制定的薪酬制度为例，之前我认为薪酬只要结合同行的工资水平制定就足够了，如果这个项目赚得多一些，那么就给项目成员多分一些奖金，这种"大锅饭"机制导致有一部分人只拿钱不做事，享受别人的劳动成果。而改革后的薪酬制度则明确规定了基本工资、岗位工资、绩效工资和其他奖励，并且还会根据企业每年的经营状况进行调整，这些都是我在学习过程中逐渐完善起来的。

之后，为了准备公司在新三板的挂牌，我又为自己报名了新三板学习班。面对大量的新知识，我曾经在谈判业务中培养的耐心派上了用场，靠着一股子韧劲，我"啃"下了它们，这些知识对后续的股改和挂牌都起到了很关键的作用。由此，我总结出了一条真理：无论什么时候都不要放弃学习。

但由于公司当时的体量较小，很多券商都拒绝了解我们的挂牌计划。此时，作为湖南人，"吃得苦，耐得烦，不怕死，霸得蛮"的韧劲又一次发挥了作用，在我的力邀下，东兴证券的一位负责人来公司考察并同意成为我们的券商。而面对转为股份制公司所需的几百万元差额，我果断地卖掉了自己的房子。虽然当时很多人都在劝我，但我认为做人就要敢想敢拼，也正是由于这股拼劲，才有了公司的挂牌上市。

回首这十几年来的创业历程，我有过喜悦，也有过悲伤。一路跌跌撞撞，从最初的"技术男"逐渐成长为一名企业家，再到带领企业成功挂牌，吸引外来投资，面对这其中千般困难，我都不曾放弃。我认为，成功的基础是诚实守信、有耐心、有担当、坚韧不拔的个性加上旺盛的求知欲，最后再加一点幸运。在我追求事业成功的路上，这些个性吸引了众多志同道合的合伙人，也为公司的发展奠定了基调。

4

合伙管理制度：明确职责与利益

　　合伙人与企业之间是平等互利、合作共赢的关系。一般企业会以合伙人的能力和业绩完成情况为依据，给予合伙人一定的利益。要想建立系统完善的合伙人机制，企业必须明确各位合伙人的职责和利益，充分调动合伙人的积极性，从而促进企业的发展。

第一节　明确各方出资比例，合理分配股权

　　合伙企业是合伙人共同出资建立的企业，每个合伙人都是企业的股东，享有股东权利，而每个合伙人出资的比例和其占有的股权息息相关，股权多少影响着股东权利的大小，这就需要企业根据实际情况来合理分配股权。对于股东来说，如何分配股权是至关重要的；对于企业来说，股权分配是否合理关乎企业未来是否能平稳运行。

一、合伙人出资方式：现金+实物+无形资产+换股

　　合伙人在出资时可以选择不同的方式，常见的出资方式有四种，如图 4-1 所示。

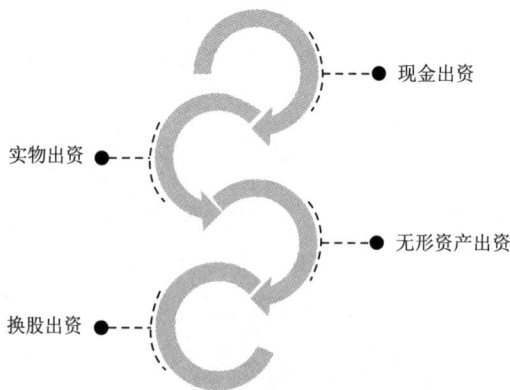

图4-1　合伙人出资方式

1. 现金出资

现金出资又称货币出资，是合伙人最普遍、直观、可靠的出资方式。合伙人采用现金出资的方式一方面可以增加员工对企业的认同度，促使员工主动共享企业的经营成果，共同承担企业的经营风险；另一方面可以增加企业的现金流量。现金出资较为简便，有助于避免高估或低估非货币资产的出资，但需要合伙人立即动用其流动资金。对合伙人来说，最为保险的现金出资方式是通过银行转账的方式将资金转到企业账户，并注明是股东出资款。

2. 实物出资

实物出资是指以有形资产投资。可用于出资的实物应满足的条件或特征有以下几个：

（1）该实物的价值可以被评估和计算；

（2）该实物可以依法转让；

（3）该实物有益于被投资企业的发展；

（4）该实物尚未设担保。

合伙人用实物出资时，应注意以下流程。

（1）评估作价。《公司法》第二十七条第二款规定："对作为出资的非货币财产应当评估作价，核实财产，不得高估或者低估作价。法律、行政法规对评估作价有规定的，从其规定。"所以，合伙人以实物出资时首先应当对实物进行评估作价，既要核实实物的产权，也要对其价值进行真实的评估。

（2）转移产权。《公司法》第二十八条第一款规定："以非货币财产出资的，应当依法办理其财产权的转移手续。"即合伙人应当在约定的出资日期将实物的产权转移给企业。如果合伙人以厂房等不动产出资，则需要在房管部门进行厂房产权的变更登记；如果合伙人以房屋出资，除了要看房产证、土地证外，还应该到当地的房管局、国土局查询其原件及电子档案。

3. 无形资产出资

无形资产一般指版权、专利权、商标权和土地使用权等。无形资产出资是指合伙人遵照一定法定程序以无形资产投资以获得股东资格的出资方式。用于出资的无形资产要能够对企业经营起到重要作用，并为企业带来一定收益。通常来说，无形资产出资的程序有两个：评估和所有权转移。

（1）评估。无形资产的价值评估主要由第三方评估机构进行，其中，收益法是最为普遍、直观的评估方法。收益法是指对收益额、收益期限等的评估，收益额是指未来的超额收益，收益期限是指带来超额收益的时间。

用收益法进行评估需要对资产价值进行预测，所以可能会产生主观性的偏差，因此，企业常常会请评估机构调查无形资产的收入，以保证在收益期限内实现收益价值。

（2）所有权转移。对于无形资产出资，根据《公司法》，应办理所有权转移手续，即要将无形资产所有权属由股东变更为企业。

4. 换股出资

换股出资是指股东按照法定程序将股权转让给他人的出资方式。股东在转让股权之前，应当将转让事项以书面的形式通知其他股东并征求他们的同意，若其他股东满 30 日未给予答复的，则视为同意。若超半数不同意，则不同意的股东需要购买转让的股权。若不同意的股东不购买转让的股权，则视为同意转让。

经股东同意转让的股权，其他股东具备优先购买权，各相关方需要携带相关材料到当地工商局申请变更登记。

无论合伙人采取哪种出资方式，都应将合伙人的投入换算成企业的实际收益，保证股权的合理分配和企业的稳定运营。

二、合伙人出资估值：明确方法与流程

对合伙人出资进行估值需要明确方法和流程。《合伙企业法》第十六

条规定："合伙人可以用货币、实物、知识产权、土地使用权或者其他财产权利出资，也可以用劳务出资。合伙人以实物、知识产权、土地使用权或者其他财产权利出资，需要评估作价的，可以由全体合伙人协商确定，也可以由全体合伙人委托法定评估机构评估。合伙人以劳务出资的，其评估办法由全体合伙人协商确定，并在合伙协议中载明。"合伙企业需要根据实际情况选择估值方法，通常可以采用的估值方法如图 4-2 所示。

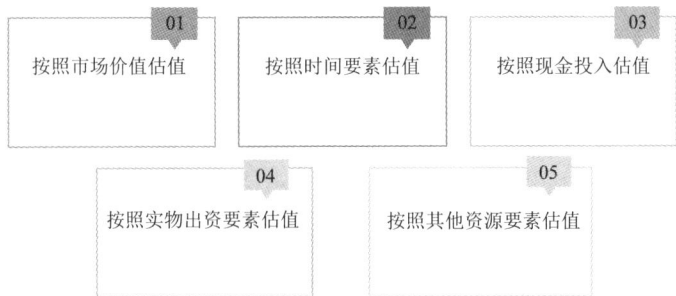

图4-2 合伙人出资常用的估值方法

1. 按照市场价值估值

将合伙人的出资统一转换为市场价值进行估值，然后汇总每个合伙人的市场价值，最后按照每个合伙人的市场价值占有比例进行配股。

例如，某企业有 3 个合伙人，甲合伙人以资金入股，乙合伙人以技术入股，丙合伙人以办公场所和办公设备入股。甲以现金形式出资 34 万元；乙是资历丰富的市场总监，每月收入约为 1.5 万元，乙决定在前 3 年内每月只领取 5 000 元工资，结余 1 万元，3 年结余下来的 36 万元用来投资入股；丙所提供的办公场地和办公用品估值是 30 万元。综上，3 人的总投入为 100 万元，通过计算得出甲占 34% 的股份，乙占 36% 的股份，丙占 30% 的股份。

2. 按照时间要素估值

按照时间要素估值是指将没有发放给合伙人其应得的部分工资作为合

伙人的出资。例如，在上述案例中，乙合伙人每月应得的收入是 1.5 万元，但是乙每月只领取 5 000 元，结余 36 万元，这就是按照时间要素对乙的出资进行的估值。但是，若乙在 3 年内退出企业，那么企业需按照其实际履职时间来计算他所持有的股份，并予以回购。

3. 按照现金投入估值

现金投入的估值需要分为内部合伙人的现金投入和外部合伙人的现金投入两种情况进行讨论。二者都可以按照等额现金进行估值，此外，前者还可以按照现金倍数估值，后者还可以按照压缩现金估值。

例如，某企业有 3 个合伙人，X 只负责出资 60 万元，Y 与 Z 只负责干活。三人在创业第一年都不领取工资。X 的投资按照等额现金进行估值，Y 曾是一名资历丰富的总经理，Z 具备扎实的专业技术。按照人才市场的行情，Y 的年薪应为 24 万元，Z 的年薪应为 20 万元。三人协商决定，Y 与 Z 的投资按现金的 2 倍估值，因此 Y 的出资为 48 万元，Z 的出资为 40 万元，三人的总投入为 148 万元。计算得出 X 占 40.6% 的股份，Y 占 32.4% 的股份，Z 占 27% 的股份。

估值方法是否正确决定配股是否合理，更关系企业未来的发展，因此，明确估值方法与流程是至关重要的。

4. 按照实物出资要素估值

实物出资要换算为当前市场价值，且要满足两个条件：一是必不可少的资产，例如办公场所、环境设施、办公用品等；二是企业需要持续使用的资产，不包含一次性使用并消耗掉的资产。

在对实物出资进行估值时，还要考虑实物资产的新旧程度，如果为新资产，则按照市场价计算；如果资产较旧，可按照二手资产来评估。

5. 按照其他资源要素估值

其他资源要素包括知识产权、土地使用权、商业品牌等，可以按照企业"应支付但未支付"的许可使用费来计算资产价值。

例如，刘某以自己的知识产权入股，每年许可使用费应收 20 万元，但刘某决定创业期 3 年内不收许可使用费，那么刘某投入的知识产权的估值是 60 万元。

企业应根据具体情况选择合适的出资估值方法，按照法定程序和行政法规对合伙人的出资进行估值，充分平衡企业与合伙人之间的利益，使合伙人的股权占比、利益分配更公平合理，推动企业良性发展。

三、签订合伙协议，明确各方权利与义务

合伙协议是按照法定程序由所有合伙人共同商议，为了共同的经营目的和利益而订立的书面形式的合同。合伙人应按照《民法典》的相关规定签订合伙协议，以明确各方的权利和义务。

签订合作协议能够更好地保障合作事务的顺利进行，以防违约等突发情况的出现而导致合作中断。签订合伙协议后，在发生纠纷时，相关方可以以协议作为证据起诉维权。

签订合伙协议应注意的事项如图 4-3 所示。

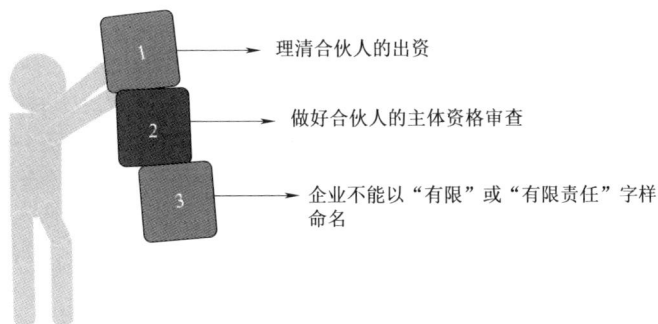

图4-3　签订合伙协议的注意事项

1. 厘清合伙人的出资

各合伙人有不同的出资方式，出资的数额也不一定相同，但无论是哪种出资方式，都需要将其出资折算为相应的股份，在协议中明确规定出资方式、出资金额、出资比例和出资期限，这样才能更好地分配合伙人的权利及义务。

2. 做好合伙人的主体资格审查

资格审查应包括合伙人的能力、人品、资产情况、家庭情况、有无对外大额债务等，资格审查对于合伙协议的签订至关重要。企业应对合伙人进行充分的了解，记录保存合伙人的个人信息。

3. 企业不能以"有限"或"有限责任"字样命名

《合伙企业法》第二条第二款、第三款规定："普通合伙企业由普通合伙人组成，合伙人对合伙企业债务承担无限连带责任。本法对普通合伙人承担责任的形式有特别规定的，从其规定。有限合伙企业由普通合伙人和有限合伙人组成，普通合伙人对合伙企业债务承担无限连带责任，有限合伙人以其认缴的出资额为限对合伙企业债务承担责任。"如果合伙企业以"有限"或者"有限责任"字样命名，则具有欺骗性，可能影响正常的交易行为。

合伙协议中应明确合伙人的权利与义务，以避免日后在企业经营中产生相关纠纷。合伙协议应明确的权利主要有：共有财产权，目的是明确合伙财产归所有合伙人共有，而非合伙人个人所有；合伙经营权，目的是明确重大事务由全体合伙人决定，合伙企业的事务应由全体合伙人共同执行，其他合伙人有权监督合伙事务的执行情况；利润分配请求权，目的是存在可供分配的利润时，合伙人有权请求按其所持股份的比例向其分配相应股利。

合伙协议应明确的义务主要有：出资义务，目的是明确合伙人应缴付的出资；承担合伙事务义务，目的是明确合伙人所应承担的事务和责任。

合伙人按照合伙协议享有一定的权利、履行一定的义务，对于未明确的事项，由合伙人协商决定或依照法定程序处理。如需修改或者补充协议，则应征求全体合伙人的意见，在获得一致同意后方可进行改动。

第二节 合伙人权限与责任划分

合伙人作为企业的投资人和企业经营的参与者，理应享有一定权利，但权利需要有明确的界限，同时合伙人也要承担一定的责任。合伙企业需要做好合伙人权限和责任划分，使合伙人在一定的范围内行使自己的权利，承担自己的责任。

一、依据股权比例与个人优势，划分企业经营权

股权是股东参与经营管理、获得经济利益的一种综合性权利，股权比例对股东在企业享有的经营权有直接的影响。经营权主要是指持有股权的经营者在企业中能够自主经营的有关权利。

以"721 股权分配模式"为例，其是合伙企业中较为理想的股权划分模式。"721"分别代表 70% 的股权、20% 的股权和 10% 的股权。持有70% 股权的人是企业的主要经营者，股权比例超过 2/3，常被称为大股东，掌握主要经营权，企业重大事项的决策必须征求大股东的同意。

然而现实中存在主要经营者拿不到那么多股权的情况，在这种情况下，企业可以考虑股东的个人优势，采用同股不同权的模式。同股不同权是指约定股权对应的经营权和持股比例不相同。

不参与经营的股东，或者参与经营但不进行管理决策的股东，在股权协议中可以约定不让他们获得表决权或者降低他们的表决权比例，以此将

表决权集中到其他实际进行管理决策的股东手中。

股东签署一致行动人协议后，其在股东会上的表决就可达成一致。如果企业的创始团队之前采取的是"721 股权分配模式"，新进入的合伙人占据 30% 股权，那么创始团队只剩下 70% 股权，股权被稀释之后，大股东只占据 49% 的股权，这样一来，每个股东的股权比例都未达到半数，则每个股东都不能决定企业事项。但在签署一致行动人协议后，创始团队在股东会的表决权达到 70%，就可以控制企业经营。创始团队也可以采取委托表决权的形式，即其他股东的表决权委托给一个大股东，以大股东的意思为准，这样也能保障创始团队的经营权。

除了以上方式外，创始团队与合伙人在股权协议中也可约定一票否决权，以在必要的时候阻止不利于企业发展的决策通过。创始团队一定要重视股权的合理分配和对企业经营权的掌控，若在这些方面掉以轻心，则容易失去企业经营权，甚至不得不离开企业。

二、合伙损益的分配：约定+法定

合伙损益包括合伙利润和合伙亏损两方面内容，合伙企业具有人合性质，每位合伙人都有参与企业损益分配的权利。

合伙损益一般采用约定和法定两种分配方式。《合伙企业法》第三十三条规定："合伙企业的利润分配、亏损分担，按照合伙协议的约定办理；合伙协议未约定或者约定不明确的，由合伙人协商决定；协商不成的，由合伙人按照实缴出资比例分配、分担；无法确定出资比例的，由合伙人平均分配、分担。合伙协议不得约定将全部利润分配给部分合伙人或者由部分合伙人承担全部亏损。"

针对法律有明确规定的事项，合伙协议的约定要符合法律规定。合伙人以财产份额出质须经其他合伙人一致同意，普通合伙人不能从事和合伙企业有竞争关系的业务。普通合伙企业的合伙协议不能约定将所有利润分配给部分合伙人，普通合伙企业不能约定由部分合伙人承担所有亏损。国有企业、上市企业或社会团体不能成为普通合伙人。有限合伙人不能以劳务出资，有限合伙企业中合伙事务由普通合伙人执行，有限合伙人不执行。

合伙损益一般按照先约定后法定的原则分配。除合伙协议另有约定外，合伙企业的下列事项应当经全体合伙人一致同意：

（1）改变企业名称；

（2）改变企业经营场所、经营范围；

（3）处分不动产；

（4）转让知识产权或其他财产权利；

（5）以企业名义为他人提供担保；

（6）聘任合伙人以外的人担任合伙企业的经营管理人员。

合伙协议未约定的，法律规定必须经全体合伙人一致同意的情形还有：

（1）修改合伙协议应经全体合伙人一致同意；

（2）新合伙人入伙，除合伙协议另有约定外，应当经全体合伙人一致同意；

（3）除合伙协议另有约定外，普通合伙人转变为有限合伙人，或者有限合伙人转变为普通合伙人，应当经全体合伙人一致同意；

（4）除合伙协议另有约定外，普通合伙人向合伙人以外的人转让其在合伙企业中的全部或者部分财产份额时，须经其他合伙人一致同意。

合伙人对企业盈亏承担完全责任，合伙损益的分配是合伙企业中最重要的事项。

三、合伙债务的承担：普通合伙人+有限合伙人

法定的债务分担原则要求适用于法律规定的出资比例，如果没有出资比例，那么各位合伙人按照协议中约定的债务分担比例承担合伙债务。

根据《合伙企业法》的相关规定，对合伙债务主要实行补充连带责任，这是一种较为合理的合伙债务分担方式。因为企业的经营方式是团队经营，合伙财产是所有合伙人的共同财产，合伙企业在经营中所产生的债务也是

所有合伙人的共同债务，其与个人债务不同，所以不应以个人财产偿还。因为合伙人需要对合伙债务承担无限连带责任，所以在合伙财产不能够偿还合伙债务的情形下，合伙人需要承担补充责任。普通合伙人需要承担的债务责任有：无限清偿责任、连带清偿责任和补充清偿责任，如图4-4所示。

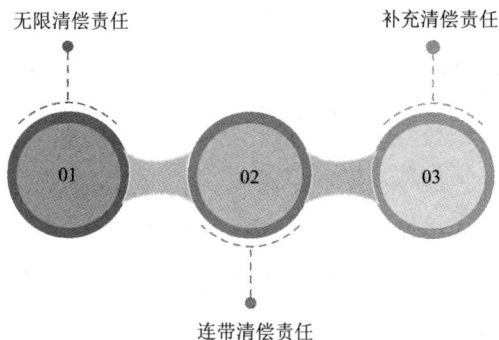

图4-4　普通合伙人的债务责任

1. 无限清偿责任

由于合伙企业以及其自身责任财产具有特殊性，因此各国法律都是从维护债权人的合法权益、维护交易秩序、促进合伙经营的角度出发，规定合伙人对合伙债务承担无限清偿责任。

2. 连带清偿责任

各国对合伙人承担连带责任的法律规定不同，其中主要区别体现在分担主义和连带主义。我国的法律规定基本上采取的是连带主义，也就是合伙人对于合伙债务需要承担连带责任。

3. 补充清偿责任

补充清偿责任是针对债务清偿困难的情形广泛推行的一项制度。在第一责任人无法承担责任时，其他责任人需要承担补充清偿责任。补充清偿责任能够保证合法债权的及时实现。

合伙债务的偿还问题是合伙中的一个根本问题，相关法律中明确规定合伙债务应当先由合伙企业的全部财产承担，不足以承担的部分由合伙人承担无限连带责任。

有限合伙人对企业承担的责任应以其认缴的出资额为准。《合伙企业法》第二条第三款规定："有限合伙人以其认缴的出资额为限对合伙企业债务承担责任。"第六十五条规定："有限合伙人应当按照合伙协议的约定按期足额缴纳出资；未按期足额缴纳的，应当承担补缴义务，并对其他合伙人承担违约责任。"在法律上，普通合伙人和有限合伙人对于合伙企业债务所承担的责任有着根本的区别。无论是哪种合伙企业，合伙人都应理清、正视并承担自己应承担的责任。

第三节　合伙人利益分配的三大方式

在合伙企业中，利益能否合理分配关乎合伙企业能否健康发展。合伙企业有效的利益分配方式有三种：第一种是按出资比例兑现分红；第二种是根据不同分工确定岗位工资；第三种是设立分红基金，定期发放。

一、按出资比例兑现分红

出资比例是指股东实际缴纳的出资额占企业资本总额的比例，通常以分数或百分数表示。《公司法》第三十四条规定："股东按照实缴的出资比例分取红利；公司新增资本时，股东有权优先按照实缴的出资比例认缴出资。"

法律上有明确的规定，合伙人为合伙企业提供多少比例的出资，就会持有多少比例的股份。除非在合同中单独说明合伙人出资少、但股份占比多的情况，其余的只能按照出资比例来分配股份。合伙人所持有的股份对应企业经营会带来的收益，也对应在企业经营中需要承担的风险。在企业合伙经营的过程中，出资比例过高的一方相应的投资回报也就越大，但同时出资比例过高的一方也承担了过高的经营风险，所以按照出资比例兑现分红的方式是具有科学性的。

参与企业经营利润分配是股东的一项权益，不过股东认缴的资金和实缴的资金在很多时候是有差别的，《公司法》中相关规定采用的是"就低不就高"的原则，即企业按照股东实缴的出资比例给予其分红。例如，在合伙企业中某股东认缴出资 100 万元，实缴出资 50 万元，在这种情况下，企业应按照 50 万元的出资额来给这位股东分配利润，也就是实际缴纳多少比例出资就分得多少比例的利润。

按照出资比例兑现分红需要满足的条件有两个：一是合伙企业需要有实际可供分配的利润；二是合伙企业的利润分配方案获得了股东会或股东大会的一致同意。在以上两个条件未满足时，股东所享有的利润分配的权利只能是法律层面的期待权益。按照出资比例兑现分红的目的是体现企业利润分配的公平性，鼓励股东尽快履行自己的出资义务，保证企业资本充裕。

二、根据不同分工确定岗位工资

我国采用"以按劳分配为主体，多种分配方式并存"的收入分配制度，即多劳多得，少劳少得。企业需要根据员工的不同岗位职责为其分配岗位工资，需要考量的因素有员工素质、能力、技术、责任、工作强度等。一般来说，每个岗位都有特定的工资标准，但是业务或技术熟练程度存在差别的岗位，可能会采用多个工资标准。

在合伙企业中，岗位工资的确定需要遵循系统、完善的步骤，一般的步骤如下：

第一，充分了解合伙企业各个岗位、工种的性质、工作内容和劳动组织情况等。在工作性质或工作内容上，可以把相近的岗位归为一类，从而确定岗位类别。例如，设计类企业可以将营销策划、产品设计、工程开发、后勤服务分别归为四大类岗位，娱乐传媒类企业可以将经纪人、主播、运营、前台行政、人力资源分别归为五大类岗位。

第二，企业根据各个岗位的劳动评价结果，确定岗位数目及岗位排序。这是确定岗位工资的关键。岗位劳动评价是企业综合运用劳动组织管理、劳动卫生、劳动生理、数理统计、计算机技术和环境监测等多方面的知识和技术，对企业各岗位的劳动条件、劳动技能、劳动责任、劳动强度等因素进行评估和测定，对于劳动者正常完成生产任务所需要付出的体力、脑力及劳动环境的影响进行抽象和定量，以体现不同岗位之间的劳动差别。

第三，根据岗位排序，确定相应的岗位工资标准。其具体办法是先确定最高岗位的工资标准与最低岗位的工资标准之间的比例关系。确定比例关系时，除了要考虑最高岗位的工资水平、最低岗位的工资水平、最高岗位和最低岗位的劳动差别以及企业工资基金的负担能力外，还要考虑员工年龄、贡献等因素。最高岗位与最低岗位工资差别通常会比等级工资制中最高等级与最低等级的工资差别小。

第四，在拟定企业各岗位的工资标准后，需要将各岗位的工资按照工资标准进行模拟测算，对不符合工资标准的岗位工资进行及时调整，使各岗位之间的工资关系达到一定平衡，从而减少矛盾。

第五，给每个岗位制定相应的考核制度，并且，要结合各类岗位的工作特点，根据需要，采用适当的工资形式，如固定工资、浮动工资等。同时，企业要建立健全各项规章制度，以更好地发挥岗位工资对职工积极性的调动作用。

综上所述，企业应根据我国的收入分配制度，按照各个岗位的员工所付出的劳动成果、所带来的经济效益合理地为其分配工资。

三、设立分红基金，定期发放

分红基金是一种收益比较稳定的理财产品，常常分散投资于各证券市场。分红基金具有资金流通性强、抗风险能力强、复利高、调仓灵活等特点。

对于分红基金来说，分红虽是它最大的特色，但更为关键的是分红能扮演什么样的角色以及能带来什么样的影响。分红基金能够提高资金的流通性。分红基金抗风险能力强，在熊市中能充分发挥自身优势。分红基金能够利滚利，从而产生高额的复利。如果遇到市场不景气的情况，分红基金更容易上涨，因为分红基金调仓较为灵活，能更好地跟踪市场热点。

分红基金常常以现金方式将收益的一部分派发给基金合伙人，分红基金不是额外发放的现金。例如，一位基金合伙人以每份 2 元的价格购买 1 万元的基金，即能得到 5 000 份基金。如果基金净值上涨到 4 元的时候达到分红条件，企业采取每份 1 元的分红方案，那么一份基金可以产生 1 元的分红，这位基金合伙人就能得到 5 000 元的分红。

基金分红有现金分红和红利再投资两种方式。如果基金合伙人选择现金分红，系统则会将现金直接汇入基金合伙人的基金账户，基金合伙人可以直接将现金提现；如果基金合伙人选择红利再投资，系统则会按照分红日的净值，购买一定数量的基金份额，因此红利再投资会增加基金的份额。

股票市场分为牛市和熊市，牛市是指股票价格持续上涨的证券市场，熊市是指股票价格持续下跌的证券市场。在熊市中，分红基金具有明显的优势，因为分红基金可以给基金合伙人带来短期的利益，但是分红基金在牛市中不具备优势，因为分红基金不利于基金经理更准确把握市场变化情况，不利于快速提高基金净值。

分红基金能为企业带来收益，但设立分红基金时，企业应关注投资环境是否合适。在牛市环境下，企业不需要设立分红基金；在动荡的熊市环境下，企业可以设立分红基金，定期为合伙人发放分红，保障更注重短期利益的合伙人的权益。

5

合伙人激励机制：激发合伙人潜能

水不激不跃，人不激不奋。哈佛大学威廉·詹姆斯教授通过研究发现，按时计酬的员工一般仅能够发挥其工作能力的 20%～30%，但如果给予员工充分激励，他们就能够发挥出 80%～90% 的工作能力，这表明人是需要被激励的。

合伙人激励机制打破了传统的雇佣制和交易结构，重新设计了利益分配的方式，目的是与核心人才、优质资源成为长期利益共同体和事业共同体，它的本质是一个资源整合工具，这种机制可以激发合伙人的最大潜能，促进企业的长远发展。

第一节　合伙人激励要点

合伙人激励机制是一项十分必要的制度，能够促进企业长远发展。什么样的激励措施才能够激发合伙人的最大潜能，让合伙人对企业更加忠诚呢？答案就是物质激励和精神激励双管齐下，但是企业也要注重把控激励的风险。

一、物质激励与精神激励双管齐下

马斯洛需求层次理论把人的需求由较低层次到较高层次划分为五个等级，即生理需求、安全需求、社交需求、尊重的需求和自我实现的需求。由此可见，物质虽然是激发合伙人积极性的基础因素，但是物质需求只是人类最低层次的需求，单一使用物质激励，激励的效果往往是有限的，不能从根本上激发合伙人的潜能。

如果想要调动合伙人的积极性，那么企业不仅要注重对其进行物质激励，还要对其进行精神激励。物质激励与精神激励相结合，会使合伙人在物质与精神方面都能获得满足，成长的速度也会更快。

1. 物质激励

在企业中，常见的物质激励包括薪酬、股权。

（1）薪酬。合伙人可以用自己的薪酬购买食物、衣服等生活必需品。合伙人在企业工作不是做志愿者，而是要获得与自己付出相匹配的报酬，所以，企业首先要给予合伙人物质激励，这样才能激发合伙人努力工作、创造财富的积极性。

（2）股权。股权激励包括很多种形式，例如干股、虚拟股、期权、股票增值权等。作为一种新型的激励方式，股权激励不同于传统的薪资、绩效及奖金激励，它是一个长期的过程，这就要求合伙人要长远地关注企业发展，全心全意为企业发展贡献自己的力量，以确保自己可以获得理想的收益。

2. 精神激励

精神激励是非报酬性的，利用精神激励的企业可以减少对物质激励的依赖，从而使企业摆脱不断加薪的不良循环。精神激励通常包括情感激励、愿景激励和目标激励三种。

（1）情感激励。企业创始人要重视合伙人基本的情感需求，通过鼓励、关怀、赞美、批评等方式，关注合伙人的精神世界，增强与合伙人之间的情感联系，与之形成融洽的工作氛围。情感激励的目的是让合伙人觉得自己在企业中受到了尊重，让合伙人真正做到为企业奋斗，实现企业与合伙人"双赢"。

（2）愿景激励。愿景是个人或企业对未来的发展方向和目标的构想。愿景激励是指让合伙人共同参与构想企业未来发展方向和目标以及构建共同的价值理念。一个清晰而鼓舞人心的愿景，可以让合伙人对未来产生美好的向往，同时也可以让合伙人明白自己奋斗的价值和意义。

（3）目标激励。企业要设定适当的目标以调动合伙人的工作积极性。目标是一个企业凝聚力的核心，实施目标激励，企业应明确远期目标、中期目标和短期目标，让每一位合伙人都能清楚自己在目标实现过程中具有的价值和起到的作用。

目标激励还应将企业目标、合伙人个人目标有机结合，使合伙人清楚只有实现企业目标，其个人目标才能实现，从而促使合伙人对企业产生强烈的归属感和责任感。

二、把控风险：激励也要有限制

合伙人激励机制可以有效协调合伙人的个人目标与企业目标之间的关系，最大限度地调动合伙人的创造性与主动性，可是，如果激励措施使用不当，就难以达到预期的激励效果，甚至会给企业带来一些风险，例如股权激励中控制权的问题。企业在把控激励带来的风险时需要注意以下三点。

1. 物质激励要适度

激励程度直接影响激励发挥的作用。激励的重点是满足合伙人的需要，只有是合伙人最迫切的需要，才能达到最佳的激励效果，过强和过弱的激励都起不到最佳激励效果。

企业应该注重激励的成本与收益，如果激励的成本高于激励的收益，这种激励对企业就毫无意义。例如，某企业向合伙人承诺，在达到规定的业绩后，合伙人可以享受国外豪华五日游。尽管许多合伙人达到了享受这一激励的标准，但是该企业因财力限制，并未兑现承诺，该企业的这一做法容易失去合伙人的信任。此后，如果该企业再设定类似的激励目标时，也难以起到实际的激励作用了。

过弱的激励也达不到激励的效果，例如过于吝啬的奖赏会使合伙人感到收益与付出不成正比，工作积极性和热情受到打压。

2. 情感激励要有原则和限度

首先，不能干预合伙人的日常生活，以免引起合伙人的反感；其次，情理结合，不要滥用情感。企业对合伙人进行情感激励应出于真情实感，而不是为了达到情感激励的效果，强行使用情感激励的手段，例如过度夸奖。

3. 股权激励的重点在于激励，而不是奖励

例如，孙某是北京某科技公司的创始人，经过 5 年的发展，公司的规

模不断壮大，收益也不断提升。为了激励员工继续努力工作，孙某向三名核心员工各自授予了 5% 的股份，让其成了公司的合伙人，但结果却并不理想。在获得公司股份后，其中两名员工的惰性也随之出现，他们经常以各种原因请假，工作业绩也大不如前。只有一名员工受到了激励，业绩不断提升。

这就体现了股权激励的一种风险。股权激励的评判标准是合伙人对公司长期的价值，而不是其过去为公司作出的贡献，因此，创始人要注意不要把股权激励看作奖励，一次性向合伙人授予股权，而要依据合伙人未来的贡献，分阶段向其授予股权，以此发挥股权的激励作用。

企业在考虑股权激励方案的激励效果时，也应当注重约束机制的制定。例如对合伙人个人绩效考核的要求、对合伙人勤勉尽责的要求、对合伙人不得从事损害或变相损害企业利益的业务的约束、对合伙人退出时的约束等。

第二节　设计完善的激励计划

企业应该针对合伙人设计完善的激励计划，这不仅是强化企业顶层战略的需要，也是建立团队优势，促进企业业绩增长的需要，因此，如何设计完善的合伙人激励计划就成为企业创始人必须关注的问题。

一、明确时间节点：找准企业里程碑

企业的发展是一个动态的过程，在不同的发展阶段，企业应对重心作出相应的调整，因此，企业的激励机制也需要作出相应的调整，通过最合适的激励方法来激励员工发挥潜能，共同完成下一阶段的企业目标。

　　激励的时间节点越准确，越有助于激励效果的发挥。如果激励时间模糊不清，那么无异于画饼充饥，例如在企业初创期，企业创始人向合伙人承诺当企业年收入达到 1 000 万元时，可以赠送给每位合伙人一辆豪华轿车，这无异于天方夜谭，合伙人也不会认为这是货真价实的激励。

　　在企业的发展过程中，企业可以在四个关键阶段对合伙人进行激励，如图5-1所示。

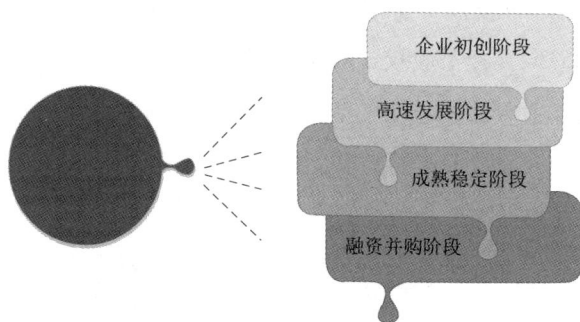

图5-1　企业进行合伙人激励的四个关键阶段

1. 企业初创阶段

　　在企业初创阶段，合伙人不仅是员工，还是企业的管理者，因此合伙人是除创始人以外最为重要的核心人物。在初创企业资金不足的情况下，创始人要为合伙人分配一定的股权，让合伙人心无旁骛地投入工作，这一阶段的股权激励象征意义要大于其物质意义。

2. 高速发展阶段

　　企业在高速发展阶段已经积累了一定的物质资源，而此时的企业离不开核心人才，如果合伙人此时退出企业会对企业造成巨大损失，因此，企业要在此时用一定的物质激励来留住合伙人，促使企业高速发展，进一步壮大企业力量。

3. 成熟稳定阶段

企业在成熟稳定阶段的首要任务就是提升自己的运转效率、保持稳定发展，而这需要合伙人的大力支持。此时的企业已经累积了足够的物质资源，而合伙人也在这个过程中获得了不少收益，因此，一般的物质激励已经没有办法满足合伙人的需求了。企业此时还需要利用精神激励，激发合伙人的主人翁意识，让他们明白这个企业不是创始人的，而是创始团队整体的，激励合伙人为企业发展作出更多贡献。

4. 融资并购阶段

融资并购阶段是企业发展过程中的关键阶段，融资并购属于企业的扩张举措，不可避免地会带来股权稀释的问题，为了增强企业的凝聚力，创始人要确保合伙人对企业经营依然拥有参与权和话语权。此时企业适合对合伙人进行股权激励，通过调整股权架构，留住人才，促进企业进一步发展。

在这四个阶段中，企业创始人要学会分享，无论是看得到的金钱，还是看不到的股权，创始人一定要让合伙人享受企业发展所带来的成果。如果创始人没有在合适的时间节点对合伙人进行激励，就很难发挥激励应有的效果。

二、明确激励对象：内部合伙人或外部合伙人

事业合伙人可以分为内部合伙人与外部合伙人两种。内部合伙人通常是企业创始团队中的联合创始人以及在企业发展过程中吸纳的员工合伙人。外部合伙人通常包括能够带来外部资源、承揽业务项目的外界人士。

内部合伙人与外部合伙人相比，与企业的联系更加紧密，也更具有主人翁意识，对待工作也会更加积极。而外部合伙人通常不受企业的规章制度管控，和企业的关系相对松散，例如在 A 企业担任外部合伙人的人，可能也会在 B 企业、C 企业担任外部合伙人。

如果企业想要进一步发展，就要留住更多的人才，因此，内部合伙人就是非常重要的激励对象。内部合伙人通常会直接或间接地持有企业的股权，享受企业发展所带来的收益。

例如，南京的一家科技企业在发展过程中需要大量资金，但银行贷款不足以覆盖其全部资金缺口，于是该企业采取了内部合伙人分红制度。该企业的创始人挑选了 10 余名核心员工，以优惠的价格向其发行股票，最终筹集到了足够的资金，这一做法不仅解决了企业的资金问题，还大大提高了员工的主人翁意识，使其与企业的联系更加紧密。

一般情况下，企业对外部合伙人也会有一定的要求，例如需要有相关行业背景，自带渠道资源、业务资源等。如果通过了企业的审核，企业就要与之签署外部合伙人协议，协议内容包括项目的分红、成本的划分、报销的标准、外部合伙人的责任等。

对于企业而言，借助外部合伙人可以低成本地扩大业务规模，因为相较企业内部的全职员工，企业无须给予外部合伙人大量薪酬。外部合伙人一般都会具备特殊的资源和渠道背景，或者具备一些特殊的能力，可能原本需要 5 个全职员工才能谈下的项目，只需要 1 个外部合伙人就能够谈下来，因此，即使分配给外部合伙人的分红要多一些，但是外部合伙人能够带来的附加渠道的价值也会更高。

而对于外部合伙人而言，企业为其提供了一个宽松、自由的变现平台。企业的会议室、办公室等办公资源可以拿来即用，自己无须从 0 开始打拼，就能够获得人力和平台的支持，还能够获得高额利润分红，是优势非常明显的合伙方式。

三、明确激励方法：项目分红或信托分红或按绩效考核结果分红

激励合伙人的方法有很多种，企业创始人可以根据企业所处行业、发展阶段，以及合伙人身份的不同来选取不同的激励方法。最常见的激励方法主要有项目分红、信托分红，以及按照绩效考核结果分红三种。

1. 项目分红

项目分红通常适用于处于高速发展阶段的企业，因为此时的企业如果想要进一步壮大，就需要留住更多的人才，因此企业要保证合伙人能够在企业高速发展的过程中获得应得的利益。

项目分红与项目奖金不同。项目奖金的发放对象是项目参与人，且无论项目是否亏损，只要事先约定项目完成后发放奖金的比例，就要向项目参与人发放奖金。而项目分红的发放对象可以是人，也可以是机构或企业，即使只是间接参与了项目运作，例如提供场地、资金等，也可以在项目盈利后获取分红。

项目分红的优势在于激励性更强，凡是为项目付出过的人或企业都可以在项目盈利时获取分红。

2. 信托分红

信托分红即将托管资金的盈利分发给托管人。在信托分红中，企业为委托方，信托计划的受益方通常是被激励的合伙人，而受托人一般为信托公司。受益方会通过受托人成立的公司持有企业的股份，并获取分红。

一般情况下，大型拟上市企业或跨国企业适用于这种分红方式。例如，某资本控股有限公司将一个集团公司作为受托人，将激励对象作为受益人设立了一个信托计划，通过其全资控股的某公司使激励对象持有某资本的股份，并获取股份分红。

3. 按绩效考核结果分红

按绩效考核结果给合伙人分红这一方法适用于盈利较为稳定的中小型企业，这些企业通常会将优秀员工吸纳为合伙人。绩效考核遵循"加法原则"，对于员工合伙人来说，这是一种非常合适的激励方法。

所谓加法原则，就是在对员工进行绩效考核之后，对于其超额完成的部分进行量化统计，并给予其相应的奖励。

例如，毕某是某软件公司的销售主管，同时也是软件公司的合伙人。销售主管每个月的业绩是部门员工的销售业绩以及自己的销售业绩总和，每月的考核量是150套软件。如果毕某按量完成销售业绩，会获得固有提成，但如果毕某超额完成销售业绩，固有提成会提高20%，完成的业绩越多，获得的提成越多。同时，毕某作为合伙人还会在年终额外获得合伙人分成。这些都会在岗位薪资协议以及合伙人协议中写明。

企业要根据自己的实际情况选择合适的激励方法，最大限度地激发合伙人的工作热情和主人翁意识，让他们积极参与企业的管理经营，推动企业效益增长，使企业拥有长远发展的动力。

第三节　两大激励方案解析

无论是存量分红还是增量分红，其本质都是对员工进行激励的分红方案，常见于虚拟合伙企业对员工进行短期激励。本节将通过两个知名企业的合伙人激励案例向读者解析存量分红和增量分红两大激励方案。

一、存量分红激励：华为的虚拟递延分红方案

2013年，华为推出了虚拟递延分红计划，即TUP计划。参与该计划的员工可凭借自己的岗位职能、岗位级别和工作绩效，每年获取一定比例的华为期权，该计划中的期权无须员工出资购买，5年为一个结算周期。

例如，2014年，某员工参与了TUP计划，获得华为6万股TUP。2014年，华为TUP的授予价格为3.25元/股，授予当年为等待行权期，没

有参与分红的权利。2015—2018 年，6 万股 TUP 的分红权分期解锁，在这 4 年中，该员工分别获得 1/3、2/3、3/3、3/3 比例的分红权，具体见表 5-1。

表5-1　2015—2018年该员工行权情况

年度	参与分红的股数	授予价格（元/股）	回购价格（元/股）
2014	等待期	3.25	—
2015	60 000×1/3=20 000	—	—
2016	60 000×2/3=40 000	—	—
2017	60 000×3/3=60 000	—	—
2018	60 000×3/3=60 000	—	8.25

假设 2018 年，该员工获得分红 18 万元。2018 年是第 5 年的结算期，华为对该员工在 2014 年获得的 TUP 进行回购，回购价格为 8.25 元 / 股，回购收益为 60 000×（8.25–3.25）=300 000 元，则 2014—2018 年，该员工的回报总计为 180 000+300 000=480 000 元。回购结束后，该员工所持有的 6 万股 TUP 将清零。

对于华为而言，TUP 计划的实行不仅有助于激励员工，还有助于维持企业良好运转。首先，TUP 计划不看历史贡献，不是员工入职时间越久获得的激励越多，即使是新入职的员工也能够凭借自己的实力在短期内获得激励，有效避免了老员工"躺在功劳簿上"不思进取。并且它以现金递延的形式分红，充分考虑了新员工在华为扎根的需求，例如买车、买房等。

其次，TUP 拥有股权特性，无论是分红还是股本增值都与华为的整体绩效息息相关，这就将员工与华为紧紧地捆绑在一起，激发了员工的归属感与集体意识。只有员工努力工作，提高个人绩效，华为的整体绩效才会提高，员工的分红和股本增值才会提高。

最后，TUP 计划以 5 年为一个结算周期，其中表现优异者还能获得虚拟股权等激励。这样不仅能使新员工快速融入集体，还有助于激发新员工的主人翁意识，促进新员工和企业的共同发展。

华为的激励方法不止 TUP 计划一种。华为员工的年收益分为薪酬所得和资本所得，薪酬所得包括工资、奖金和 TUP 收益，资本所得主要是虚拟股分红。华为有意将薪酬所得与资本所得的比例控制在 3：1，这样当 TUP 收益增加时，虚拟股分红就要减少，可以用来调整员工手中的虚拟股份额。

TUP 计划的本质是一种现金递延发放计划，虽然具有股权激励的部分特性，但是它不受股权相关法律法规的约束，在任何国家和地区都能够实施，极大地降低了激励模式不统一的管理成本。

二、增量分红激励：永辉超市的增量分红方案

对于很多企业来说，基于存量的激励模式并不适用于自己的企业，因为他们很难像华为一样有如此高的业绩存量。而在自身业绩不足以支撑实施存量分红激励方案的情况下，永辉超市选择了增量分红激励方案，即通过业绩和利润的增量对员工进行激励。

永辉超市将超市中的店长、店长助理、营运部门（包括生鲜、服装、食品、加工四大部门）、后勤部门、部门公共成员（固定小时工，月工作时间不低于 192 小时）等人员划分为三大类别，每个类别对应不同的分红条件，具体见表 5-2。

表5-2　永辉超市不同类别员工的分红条件

类　　别	分红条件
店长、店长助理、后勤部门	门店销售达成率≥100%，利润总额达成率≥100%
营运部门经理、部门经理助理、部门公共成员	营运部门销售达成率≥95%，部门毛利率≥95%
营运部门各课组成员	营运课组销售达成率≥95%，课组毛利率≥95%

上述类别人员在达到分红条件之后，他们就可以获得一定比例的门店奖金包。门店奖金包与门店利润总额超额挂钩，是门店利润总额超额的30%，但门店奖金包也有上限，如果门店奖金包最终超出30万元，那么就按30万元发放。门店利润总额超额＝门店实际利润总额－门店目标利润总额。永辉超市的分红方式见表5-3。

表5-3　永辉超市不同职级员工的分红方式

职　　级	分红比例
店长、店长助理	门店奖金包×8%
经理	门店奖金包×9%
课长	门店奖金包×13%
员工	门店奖金包×70%

这一分红比例保障了人数占比最多的员工能够享有充分的分红奖励，同时也避免了店长、经理等管理人员在享有高额薪资的情况下轻松获取高额分红，避免滋生不劳而获的心理。

除了按照等级划分分红比例外，为了更好地提高各营运部门的士气，除去后勤部门享有固定的1.0分红系数外，永辉超市的四大营运部门之间要进行业绩比拼，按照部门毛利额达成率的高低进行排名，1～4名可分别获得1.5、1.3、1.2、1.1的分红系数。

例如，永辉超市某门店第二季度的全店销售达成率为105%，门店利润总额达成率为102.3%，各部门销售达成率和毛利额达成率见表5-4。

表5-4　各部门销售达成率和毛利额达成率

部　　门	销售达成率	毛利额达成率	毛利额达成率排名
生鲜部门	110.4%	109.0%	第1名
服装部门	102.0%	101.2%	第2名
食品部门	98.5%	98.1%	第3名
加工部门	96.0%	95.9%	第4名

由上表可知，永辉超市该门店符合激励计划的实行条件。假设该门店奖金包为 10 万元，那么各职级能够获得的奖金包见表5-5。

表5-5　各职级所获奖金包

职　　级	奖金包（元）
店长、店长助理	100 000×8%=8 000
经理	100 000×9%=9 000
课长	100 000×13%=13 000
员工	100 000×70%=70 000

假设永辉超市该门店共有店长 1 人，店长助理 0 人，生鲜、服装、食品、加工、后勤部门各有经理 1 人，课长 2 人，其余员工 20 人，那么各部门各职级分红总份数见表 5-6。

表5-6　各部门各职级分红总份数

部门	店长级	经理级			课长级			员工级		
		人数	系数	总份数	人数	系数	总份数	人数	系数	总份数
店长	1									
生鲜部门		1	1.5	1.5	2	1.5	3	20	1.5	30
服装部门		1	1.3	1.3	2	1.3	2.6	20	1.3	26
食品部门		1	1.2	1.2	2	1.2	2.4	20	1.2	24
加工部门		1	1.1	1.1	2	1.1	2.2	20	1.1	22
后勤部门		1	1.0	1.0	2	1.0	2.0	20	1.0	20
合计	1	5		6.1	10		12.2	100		122

由上表可以测算各部门人均奖金数额，见表 5-7。

表5-7 各部门人均奖金数额 （单位：元）

部门	店长级	经理级	课长级	员工级
店长	8 000			
生鲜部门		9 000/6.1×1.5≈2 213	13 000/12.2×1.5≈1 598	70 000/122×1.5≈861
服装部门		9 000/6.1×1.3≈1 918	13 000/12.2×1.3≈1 385	70 000/122×1.3≈746
食品部门		9 000/6.1×1.2≈1 770	13 000/12.2×1.2≈1 279	70 000/122×1.2≈689
加工部门		9 000/6.1×1.1≈1 623	13 000/12.2×1.1≈1 172	70 000/122×1.1≈631
后勤部门		9 000/6.1×1.0≈1 475	13 000/12.2×1.0≈1 066	70 000/122×1.0≈574

假设服装部的某位普通员工的月薪为 5 000 元，那么在第二季度他可以额外获得 746 元，相当于每月额外增加 248.7 元的收入。

永辉超市的这套增量激励方案覆盖范围极广，即使是固定小时工也可以获得分红，充分调动了广大基层员工的工作积极性与工作热情。

三、成熟激励体系：关键节点激励+长期激励

在正式建立激励体系之前，存量分红激励和增量分红激励这两种方案我都考虑过，但每一种都存在一些缺点。例如公司现在的存量业绩还不足以支撑实施长期的存量激励方案，而增量激励方案中的业绩增量也迟早会有到达天花板的那一天，届时我又该如何给予员工激励呢？经过一段时间的调研和考察，我最终决定将这二者结合，形成公司的特色激励体系：关键节点激励＋长期激励。

1. 关键节点激励

公司内部的员工薪酬管理制度是非常清晰的，在职员工的薪酬包括基本工资、岗位工资、绩效工资和其他奖励，其中绩效工资由每月的绩效考核结果决定，不同岗位有不同的绩效考核标准。

除了普通员工，公司对于总经理、各事业部经理有一套另行的薪酬管理制度。例如，2022 年中高层管理人员的薪酬＝12 个月岗位薪酬总和＋标

奖 ± 不达标扣罚总和 – 部门流失率 / 管理责任奖罚金额 – 呆账扣罚（如有）。在年度净利润目标达成的前提下，管理人员还可以为整个团队申请奖励方案，如果业绩没有达到既定目标，那么奖励方案自动取消。

在这种制度下，如果完成年度净利润额 ×× 万元的基本目标，那么事业部经理月薪一般为 ×× 万元，固定奖金为 ×× 万元，年薪共计为 ×× 万元。如果完成年度净利润额 ×× 万元的目标，则按照阶梯奖金比例分发奖金，完成目标阶梯程度为 ×× 的话，可按照 ××% 的奖金比例获得奖金。

无论是普通员工的绩效工资，还是中高层管理人员的个人奖金以及团队的项目奖金，都属于关键节点激励，因为这些激励发放的前提是在考核周期内项目款必须全部收回，只有既完成考核目标，又将项目款全部收回，被激励对象才能够获得这些激励。

2. 长期激励

早在我成立工作室的时候，我就意识到优秀的企业是能带着员工共同富裕的，合伙人的利益与团队的利益应该是趋同的，如果二者分歧较大，甚至背道而驰，那么这个团队肯定不长久，所以我一直致力于通过给予合伙人长期激励，来将他们与团队、工作室，以及公司捆绑在一起。

起初，由于工作室规模不大，我采用的是最简单的现金分红；后来成立了公司，又有了年度股份分红；再后来我们正式上新三板挂牌，员工逐渐多了起来，为了筹备后续的融资事宜，同时也为了更好地吸纳人才，我选择了员工合伙人制度，即通过一定标准选拔员工，向他们出售公司实股，让他们成为真正意义上的股东合伙人，长久地和企业实现利益共存。

这一制度无疑是有效的，员工有了主人翁意识以后，工作起来也更加努力了。同时，一些没有通过选拔的员工也意识到自己的不足，很多时候不需要我来要求，他们便会自动修正错误，调整自己的工作状态。

"关键节点激励 + 长期激励"的激励体系能够满足公司在不同发展阶段的需求，它的最大优势就在于灵活多变、适应性强，同时覆盖范围广，无论是普通员工还是管理人员，都能够被容纳在内，真正体现了我们是一个大家庭。

中篇

合理分配股权

6

|第六章|

初始股权分配：明确创始人与合伙人定位

　　合伙企业在分配初始股权时需明确创始人与合伙人的定位。创始人是合伙企业的主力创办人，在合伙企业中拥有控制权。合伙人是合伙企业的主体，通常以其出资比例享有一定的经营权，依法享受权利、履行义务、承担责任。

第一节　股权分配核心：明确企业创始人

明确企业创始人是股权分配的核心。创始人是为企业制定目标、指明方向的人。创始人的格局和眼界往往决定了公司的发展前景，也决定了企业的高度。

一、怎样确定企业创始人：资源型+业务型

企业创始人可以分为以下两种类型，如图 6-1 所示。

图6-1　企业创始人的两种类型

1.资源型创始人

企业创始人能否成功开发出机会从而推动企业向前发展，通常取决于他们掌握和能够整合的资源多少以及利用资源能力的高低。而资源型创始人往往具有资金优势或其他核心资源优势，能够创造竞争优势，更好地带领企业发展。基于资源优势，资源型创始人可以很顺利地组建创业团队，

并决定资源的分配。资源型创始人需要具备两大能力：一是融资的能力，即要么自己有钱，要么有能力从投资人那里获得融资；二是分钱的能力，即决定按什么比例分配股票、分配项目收益等。

2. 业务型创始人

业务型创始人往往并不具备资金优势，但具有清晰的创业思路，有掌握整个业务链的能力。基于这种能力，业务型创始人可以从业务逻辑推演整个创业流程，明确所有创业环节。在创业团队综合能力存在欠缺时，业务型创始人也可以及时补全相关能力。例如，当团队的运营能力不足时，其可以寻找相关的运营人员；当团队的技术能力不足时，其可以引入更多技术人才。虽然业务型创始人难以依靠资源吸引合伙人，但可以通过业务愿景吸引志同道合的合伙人。在合理的股权分配方案的激励下，业务型创始人能够组建一个优秀的创业团队。

企业的创始人能够决定企业经营的成败，一个好的创始人是企业发展壮大的关键。企业要明确创始人的类型，充分发挥创始人对企业发展的促进作用。

二、创始人控股企业，拥有企业控制权

创始人的控制权是指创始人对于企业的经营管理、战略发展和重大决策所具备的话语权。拥有控制权，创始人才能掌握自己和企业的命运。《公司法》第一百零三条第二款规定："股东大会作出决议，必须经出席会议的股东所持表决权过半数通过。但是，股东大会作出修改公司章程、增加或者减少注册资本的决议，以及公司合并、分立、解散或者变更公司形式的决议，必须经出席会议的股东所持表决权的三分之二以上通过。"

这意味着，创始人持股达到51%就拥有了超半数的表决权，也就拥有了对企业的控制权。在股东按照出资比例行使表决权的情况下，创始人可以主导一些事情的决策，如对企业的经营方案作出决策、审核利润分配方

案等。但是，依据以上规定，创始人持有超过51%但未超过三分之二的股权，无法独立完成增减注册资本、修改公司章程等重大事项的决策。

在初始股权分配时，创始人可以通过以下两种方法掌握控制权。

1. 签署一致行动人协议

创始人可以通过与合伙人签订一致行动人协议来保证自己的控制权。在股东会表决或协议约定事项进行时，签署一致行动协议的创始人和合伙人可以先讨论出一个结果，作为各方对外的一致结果，从而保证创始人的控制权。

例如，某电器企业由10名合伙人共同创立，由于股权分散，创始人只持有35%的股权。为实现对企业的控制，该创始人与其中3名合伙人签署了一致行动人协议，共同持有54%的股份，其签署的一致行动人协议对一致提案、一致投票等行为进行了规定，而各自拥有的股票处置权、分红权等权利则不受影响。

2. 获得委托投票权

委托投票权即股东将自己的投票权委托给其他人使用。在拥有合伙人的委托投票权后，创始人可以获得更多的投票权，拥有更多对企业的控制权。例如，冯某与蒋某、沈某、韩某共同创立了一家科技企业，4人的持股比例分别为51%、24%、16%、9%，其中，持股16%的沈某为企业的财务合伙人，但他并不愿意直接参与企业的经营。于是，创始人冯某便与沈某签署了委托投票权协议，约定沈某将其持有的16%的股权授权给冯某行使，协议的具体内容包括：

（1）在股东会决议时，冯某可根据自己的想法行使该16%股权对应的投票权；

（2）冯某享有该16%的股权对应的提案权、提名权等权利；

（3）上述授权委托无条件且不可撤销。沈某承诺自协议签订之日起5年内不转让该16%的股权。

通过以上协议，创始人冯某拥有了67%的投票权，可以独立决策增减注册资本、修改公司章程、公司分立等重大事项。

总之，在股权分配的过程中，创始人要始终关注自己的控制权，一旦自己的控制权较少，便可以通过以上方法提高控制权。

三、警惕陷阱：股权均分，合伙人争做创始人

股权均分即平均分配股权。例如，两名股东平分股权则各占 50%，四名股东平分股权则各占 25%，这种股权均分的分配方式在初创企业中较为常见，由于初创企业的创始人经验较少，所以常常会选择这种简单且看似公平的股权分配方式。

一些创始人没有正确分配股权的意识，不懂股权设计的方法，因此他们往往会出于讲义气、碍于朋友情面而采取股权均分的方式，但这可能使他们在日后落入陷阱。因为这种股权分配方式只考虑了表面的公平，而忽视了其中的风险，如职责分配引起的心理不平衡、控制权旁落等。

例如，马某、石某、林某和丁某是关系要好的大学同学，他们毕业后共同创办了一家企业，四人股权均分，合伙经营。企业成立初期，四人各尽所能帮助企业渡过难关，后来企业发展逐渐步入正轨，但四人因企业控制权问题产生了矛盾，严重影响了企业的进一步发展。最终，企业在成立的第五年因多名合伙人的退出而走向破产。

股权均分主要有以下三个弊端，如图 6-2 所示。

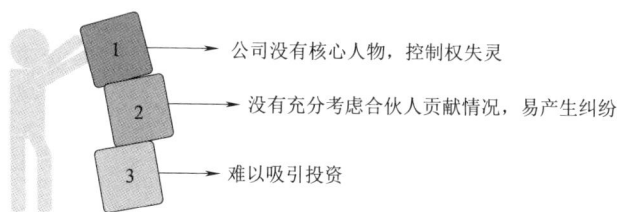

1 → 公司没有核心人物，控制权失灵

2 → 没有充分考虑合伙人贡献情况，易产生纠纷

3 → 难以吸引投资

图6-2 股权均分的三个弊端

1. 公司没有核心人物，控制权失灵

股权均分会导致创始人与合伙人在商讨某一事项时难以达成共识，难以形成最终决策，最终使企业治理陷入僵局。

2. 没有充分考虑合伙人贡献情况，易产生纠纷

在企业的发展过程中，不同合伙人创造的价值是不同的。有的合伙人除了出资外，还会在企业任职，处理各项业务，而有的合伙人除了出资并不参与企业经营。并且，在企业发展的不同阶段，不同合伙人对企业作出的贡献多少也是不同的。因此，只单纯地进行股权均分，对于合伙人而言是不公平的。在这种情况下，合伙人之间容易在职责分配、利益分配方面产生纠纷，影响公司的长久发展。

3. 难以吸引投资

很多投资者认为，采用均分方式分配股权的企业易产生经营矛盾，从而导致企业的发展停滞不前，因此，股权均分的企业难以吸引投资。

总之，股权均分不利于合伙企业的发展，创始人应尽量避免采用这种方式分配股权。

第二节　股权分配原则

股权分配就是为企业搭建一个基本骨架，它对于企业的未来发展具有举足轻重的作用，科学的股权设计和分配能够成为企业发展的原动力。

一、顶层思考：以战略思维对股权分配进行思考

在充满竞争的环境下，企业应思考如何更好地利用自身资源去创造更多的价值，这种思维被称为战略思维。企业应运用战略思维对股权进行充分的思考、科学的分配，具体可以从以下两个方面进行：

一是企业要运用战略思维，对股权分配进行顶层思考。企业要从战略的角度出发进行股权设计，企业的创始人与合伙人在制定战略的过程中要对一些问题达成共识。例如，企业战略是什么？将来是否要上市？如何进行上市规划？如何安排业务结构？如何制定业务竞争策略？职能战略是什么？如何培养和完善研产供销、人力资源、财务管理职能？如何配置促进战略落地的各项资源？如何实施行动计划？在明确了上述问题后，企业进行股权设计就会有大致的目标和方向，股权设计也能够对企业的发展起到推动作用。

二是企业要提高自身的专业性及股权分配的针对性。企业在进行股权分配前，应根据自身的专业领域，找准自己的市场，思考自身与竞争对手的差异，总结自身的优势，从而做好企业定位与发展规划。

企业提高自身专业性的过程要聚焦在"选择一个点，做到一条线，配置一个面"的方向上。企业首先要从"做一件小事"开始，其次要"做好一件事"，最后要"只做一件事"。如果企业能够确定正确的方向和路径，那么企业经营战略的正确性就会有更高的保障，企业的股权设计就会有更强的针对性，能够推动企业更快、更好地发展。

总之，企业要规划战略方向，构建治理模块，打造发展道路，并在此基础上进行科学合理的股权分配，以战略思维所设计的股权也能够推动企业更长久、稳定的发展。

二、权责清晰：不冲突，不模糊

据统计，民营企业的平均寿命不到 3 年。导致企业"短命"的主要原

因往往是合伙人之间的内部矛盾，其中，权责冲突往往是合伙人之间产生矛盾的诱因。许多企业业务做得不错，但因合伙人之间权责不清晰而产生矛盾，阻碍企业发展，明确合伙人权责对于企业的长期发展来说至关重要。

创始人朱某与合伙人秦某共同成立了一家餐饮公司，朱某持股65%，负责公司的战略管理；秦某持股35%，负责餐厅的运营和员工培训等工作。在两人的努力下，公司不断扩张，在两年内开设了3家分店。

生意越做越大，朱某与秦某之间也渐渐产生了矛盾。原来秦某在管理餐厅的过程中树立了较大的威信，深受员工信任和喜爱，朱某在公司的威信却逐渐降低。为了重新树立威信，朱某开始插手餐厅运营工作，更改秦某所作的决策。而秦某也常常因此与朱某发生争执。在这种情况下，公司的效益不断下滑，最终在激烈的市场竞争中逐渐败下阵来。

合伙企业的长久稳定经营需要创始人与合伙人的共同努力，在进行股权分配时，双方需要明确彼此的职责与权利，共同维护团队内部的稳定。如果股权分配无法实现权责清晰，甚至创始人与合伙人在企业经营问题上产生纠纷，企业就会陷入混乱，发展受阻。

合伙人之间清晰的权责划分有助于企业的长久发展。企业需要根据不同合伙人的持股比例、能力、优势等明确其分工，并确保彼此之间的权责不会出现冲突。各合伙人的权责需要以书面协议的方式加以明确，合伙人分工协议示例如下：

合伙人分工协议

甲、乙、丙三方在平等自愿的原则下，经过协商，签订以下分工协议：

1. 甲、乙、丙三方的合伙期限为 ____ 年，自 ___ 年 ___ 月 ___ 日起至 ___ 年 ___ 月 ___ 日止。

2. 甲、乙、丙三方共同议定：____（人事调度、员工培训）等工作由甲方全权负责；____（公司财务、税务）等事项全权由乙方负责；____（业务管理、运营管理）等事项全权由丙方负责。

3. 企业的核心事务由核心负责人 ＿＿＿ 全权负责，其他人参与辅助工作，保证决策的顺利执行。

4. 未经其他合伙人一致同意，某一个合伙人不得私自开展业务活动。如果业务造成损失，则该合伙人需要进行赔偿。

5. 本协议如有未尽事宜，应由甲、乙、丙三方共同进行修改或补充。修改或补充的内容与本协议有同等的效力。

6. 本协议自订立之日生效。本协议一式 3 份，甲、乙、丙三方各执 1 份。

甲方签字：＿＿＿＿＿＿＿

乙方签字：＿＿＿＿＿＿＿

丙方签字：＿＿＿＿＿＿＿

合伙人之间权责的清晰划分能有效避免产生内部矛盾，从而减少企业内耗，推动企业经营战略的实施和经营目标的实现。同时，合伙人分工协议能够将合伙人的职责以书面形式加以明确，为之后的决策、追责等提供依据。

三、利益结构合理：确保合伙人应得的回报

合伙利润是合伙企业经营的经济成果。良好的利润分配方式可以提升合伙人的工作积极性和责任心，推动合伙企业顺利发展。

参与利润分配是合伙人的重要权利，也是合伙人参与企业经营的重要目的。企业所获得的利润首先要用于弥补经营亏损，然后从中扣除法定公积金，之后才能将剩余利润分配给股东。

《公司法》第三十四条规定："股东按照实缴的出资比例分取红利；公司新增资本时，股东有权优先按照实缴的出资比例认缴出资。但是，全体股东约定不按照出资比例分取红利或者不按照出资比例优先认缴出资的除外。"有限合伙企业一般是按照合伙人实缴出资比例分配利润，但如果合伙人事先约定不按出资比例分配红利，该约定同样具有法律效力。企业应

按照约定进行利润分配，并应注意以下几点：

（1）利润分配要有一个长期且固定的标准，否则极易引起合伙人之间的分歧。

（2）利润分配要和合伙人的收入相分离。也就是说，合伙人因特定的付出而取得的劳动报酬不应归为其获得的利润。例如，某合伙人为企业开发了一个项目系统，企业就这项工作单独给予这位合伙人相应的劳动报酬，这不属于利润分配。

（3）利润分配方式应在合伙协议中详细表明，例如利润留成、盈亏包干等。一些合伙企业在合伙协议中对于利润分配方式表述不够清晰，为后续利润分配增添不少麻烦。

利润分配是否合理关乎合伙人的合法权益是否能够得到保障，利润分配是企业经营发展的重要问题，因此，企业必须注重利润分配的合理性，确保合伙人获得应有的回报。

在这个过程中需要注意的是，不同合伙人在企业发展不同阶段的贡献不同，因此股权架构及利润分配方式是需要动态调整的。

姜某、刘某、韩某合伙创业，共同成立了一个连锁餐饮品牌。在创立公司之初，姜某、刘某、韩某分别出资 40 万元、30 万元、30 万元，分别占股 40%、30%、30%，其中，姜某为公司总经理，负责公司的统筹管理；刘某、韩某为部门经理，分别负责公司的财务工作和供应链管理。

创业之初，大家热情高涨，共同奋斗。5 年后，经过长久稳定的发展，公司已经积累了约 2 000 万元的资产，这时姜某感到有些不平衡，认为自己对公司的贡献远高于另外两人，但所持股权与收益却并未比他们多很多，于是提出依据贡献重新划分股权架构。刘某、韩某二人起初并不同意，但为了公司的稳定发展，在经过多次商讨后，三人最终以贡献比例重新划分了股权，保证了利益结构的合理性。

第三节 股权分配时间节点

股权的分配时间节点非常重要，如果在不恰当的时间节点进行股权分配，合伙人之间可能会出现严重的冲突或矛盾，甚至会使团队解散，因此，企业应当根据自身所处发展阶段、当前的股权架构和后续的企业发展规划来选择合适的股权分配时间节点。

一、前期分配：创业之初进行股权分配

在创业之初就对股权进行分配是一个明智的选择，这不仅有助于为处于成长初期的企业筑牢发展根基，还有助于团结合伙人，提升信任度以及积极性。对于初创企业来说，参与股权分配的对象不宜过多，主要围绕四类对象进行分配，如图 6-3 所示。

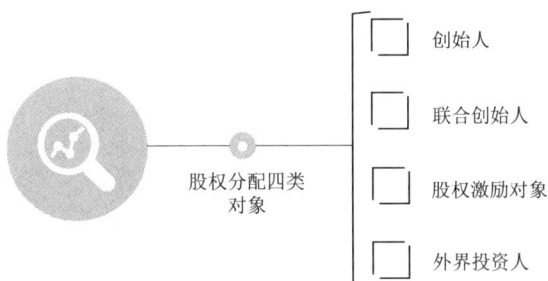

图6-3 股权分配围绕的四类对象

1. 创始人

无论是何种类型的初创企业，初创企业的创始团队中有多少人，创始人的地位都应当始终明确且不可动摇。创始人是整个创始团队的核心，也

是凝聚创始团队的关键。

保证创始人的地位就是保证企业运行的根本，在企业发展出现问题或合伙人之间出现分歧时，创始人作出的高效且正确的决策能够避免创始团队分崩离析，确保企业发展方向正确。

在同股同权的前提下，为了保证创始人对企业的绝对控制权，创始人的持股比例为67%以上最佳，或者至少为50%以上。很多创始人认为只要自己的占股达到51%，就能够完全控制企业，实际上，这个比例并不是十分安全。如果企业增资扩股，需要释放30%的股权，经过稀释后，创始人手中原有的51%股权就会降为35.7%（51%×70%=35.7%），那么创始人就会失去对企业的绝对控制权。如果引入两轮外部融资，原有的大股东都会降为小股东，所以为了保证创始人对企业的绝对控制权，创始人的持股比例最好在67%以上。

2. 联合创始人

联合创始人，也被称为联合发起人，即参与企业创办并在企业中承担一定工作的人。一般情况下，初创企业的创始团队构成越简单越好，因此联合创始人的数量最好控制在2～4个。合伙人过多会导致股权过于分散，不利于创始人掌握企业的控制权，同时也容易产生纠纷，影响企业发展。

一般情况下，联合创始人会根据自己的贡献，按比例分配除创始人股权之外的剩余股权，也有一些创始人出于信任，会拿出49%甚至更多的股权分配给联合创始人，此时，为了保障创始人的权益，所有的合伙人都应该签署一致行动人协议，以确保联合创始人的行动与创始人一致。

3. 股权激励对象

很多初创企业都面临资金不足的问题，但是又需要优秀人才的加入，因此很多创始人会预留一部分股权作为期权激励池，用于在企业发展过程中奖励优秀员工。一般来说，初创企业预留的期权激励池中的股权占比10%～20%最为合适。

激励对象通常不会作为自然人直接持股，而是与创始人成立有限合伙企业，创始人为普通合伙人，激励对象为有限合伙人，有限合伙企业作为持股平台持有初创企业的股份。如此一来，既能够奖励员工，又能够避免投票权的流失。

4. 外界投资人

企业为了更好的发展而引入外界投资人无可厚非，而引入外界投资人则意味着企业要出让部分股权。在融资过程中，创始人一定要根据企业的发展规划明确在一定时期内所需的资金规模，不要一次性出让过多股权，否则容易丧失对企业的控制权。1 号店就是一个典型的案例，创始人在获得外界融资过程中出让过多股权，导致最终被排挤出局。

二、后期分配：取得阶段性成功后分配股权

企业的发展伴随着多轮融资，企业的阶段性成功也离不开外界投资人和员工的支持与付出。企业的股权作为一种利益的象征，其分配方式及各位股东的持股比例也应随着企业的发展而有所调整。那么在发展过程中，企业取得阶段性成功之后分配股权需要注意哪些事项呢？

1. 明确控制权

股权与企业控制权联系紧密。创始人作为企业带头人，要带领企业前进，因此不管引入多少外界投资人，不管有多少员工成为股权激励对象，创始人始终都要通过股权设计保证自己的控制权。

例如，吕某是某互联网企业的创始人，在创业之初，吕某以自然人身份直接持股 60%，合伙人齐某和何某各持股 20%。随着企业的发展，企业引入一轮融资，创始人团队出让 30% 的股权。一番操作后，吕某的持股比例下降至 42%，齐某和何某的持股比例均下降至 14%。此时，吕某虽然还是大股东，但如果齐某和何某与外界投资人统一战线，吕某的控制权便发

岌可危，因此，吕某与齐某、何某签署了一致行动人协议，保障了自己对企业的绝对控制权。

2. 要留有股权激励空间

企业的成长离不开核心员工的付出，为了保持核心员工工作的积极性，给予其一定的股权激励是有必要的，因此，企业在分配股权时要留有股权激励空间。

3. 要确保企业股权架构的整体合理性

投资人在投资过程中会通过评估目标企业的股权架构是否合理，从而判断目标企业的稳定性和发展潜力。一般来说，投资人不愿意给股权架构混乱的企业投资，因为股权架构混乱意味着企业发展中存在很多隐患。例如某企业的股权架构为5位创始人均分股权，每位创始人各持股20%，这意味着当企业内部出现分歧或需要有人出面承担责任的时候，创始团队中没有人能够作出决定。最终，该企业因股权问题导致的纠纷而走向破产。

除此之外，企业还应该提前设立严格的股权退出机制。如果没有退出机制，那么股东随意退出会给企业带来严重的损失，甚至影响企业的稳定。例如，某企业在创立初期的股票价格为1元1股，一位创始人花费200万元购买了200万股。4年后，该创始人想要退出企业，要求将所持股份变现。企业想要以4年前的价格为其变现股权，但该创始人认为，上一年企业的每股净资产为3元，而不是1元，所以企业应当兑现给自己600万元。最终双方采用诉讼方式解决此事，给企业和创始人都造成了很不好的影响。如果在分配股权时就制定了退出机制，那么这位创始人与这家企业就能够和平解约。

7

股权动态调整：让合作关系长久稳定

股权动态调整是指在合伙创业的过程中，合伙人的股权比例不是一次性确定的，而是随着企业的发展不断调整。在股权动态调整机制下，合伙人的股权将随着其对企业作出贡献的增减而调整。基于此，股权动态调整可以很好地解决股权结构失衡这一难题，让合伙人的合作关系长久稳定。

第一节 传统静态股权架构难以符合企业发展要求

静态股权架构是指企业在成立之初就将所有股权固定分配给所有股东，一般按照出资比例进行分配，出资多的占股多，出资少的占股少。这种分配方式的弊端显而易见，企业在初期过早地分配股权，在后期很容易出现部分合伙人认为自己的贡献与收益不对等的情况，从而引发合伙人之间的矛盾。企业要实现长期稳定发展、创造更大价值，就必须确保合伙人的股权占比与其贡献成正比。显然传统静态股权架构无法做到这一点，因此其也就难以符合企业发展要求。

一、静态股权架构潜在的隐患

虽然静态股权架构的分配方式简单，但其操作过程中存在诸多不合理因素，也没有有效的激励机制。随着企业的发展，静态股权架构潜在的隐患就会爆发。

一方面，静态股权架构的利益分配格局保持不变所产生的弊端往往就是不公平，具体体现在企业内部的收益平衡被打破，合伙人失去合作发展的基础。每个合伙人的能力和对企业的贡献都是不同的，在企业创立初期，如果仅根据合伙人的出资比例来确定其股权比例，那么这对在企业发展过程中付出多的合伙人是不公平的，也不利于企业的长远发展。

例如，许某和施某是大学同学，毕业后两人合伙创办了一家企业。许某创业想法比较多，施某资金充足。在最初进行股权分配时，由于施某出资较多，经过两人的约定，最终施某和许某分别占60%和40%的股权。

企业成立后，施某几乎没有参与过企业运营，企业中的所有事务都由许某全权负责。经过一年多的发展，企业取得了不错的业绩，这时就面临利益分配的问题。施某认为按照股权比例分配利益是理所当然的事情，而许某认为企业盈利主要是因为自己经营有方，仅按照股权比例分配利益显然是不合理的。最终，两人因在利益分配上产生分歧而闹上法庭。

这个案例的症结在于股权分配不公。事实上，像许某和施某这种情况，仅根据双方最初的出资比例分配利益显然是不合理的，这也警示创始人在创业之初就要重视股权分配的问题，避免使用静态股权架构，而要综合考虑一些其他的实际情况，例如合伙人是否参与管理、合伙人是否贡献技术等，这样才能尽量避免股权分配不公所带来的不良后果。

另一方面，在静态股权架构之下，企业股权激励模式是静态的、固化的。华为创始人任正非曾表示，华为能够走到今天，主要归功于"分钱分得好"。企业在静态股权架构下对员工进行股权激励做不到具体问题具体对待，往往起不到很好的激励效果。

例如，创始人孔某与两位合伙人曹某、严某共同创立了一家企业，三人持股比例为80%、10%、10%，其中，孔某负责企业的战略制定和整体运营；曹某负责产品研发；严某负责开拓市场、寻找客户。

经过3年的发展，企业逐步壮大，营收逐年增多。为奖励两位合伙人为企业作出的贡献，也为了激励他们今后更加努力工作，孔某决定从自己所持的股权中拿出10%用作股权激励，分别给予两位合伙人5%的股权。

但这一做法却没有实现孔某预想中的激励效果。获得更多股权的曹某、严某得到了更多的分红，开始产生自满心理，逐渐对工作产生了懈怠之心。在此之后，曹某的研发迟迟不出结果，严某开拓市场的工作也长久未见成效。在这样的情况下，企业开始走下坡路。

在以上案例中，孔某的失误之处就是采用了静态的股权激励机制，将激励性股权一次性发放给了合伙人。如果孔某设计了动态的股权激励机制，将10%的激励性股权分阶段发放给两位合伙人，那么更能够发挥股权的激励作用。

总之，静态股权架构并不利于企业的长久发展。即使是最初十分合理的股权架构，在企业发展的过程中也会逐渐显露不合理之处，因此，企业要意识到静态股权架构的风险，适时进行股权架构的动态调整。

二、动态股权架构优势明显

毫无疑问，阿里巴巴是当今中国互联网电商界的典范之一，但是，阿里巴巴的成功并非一日之功，而是经历了一个漫长的发展过程。在这一过程中，动态股权架构发挥了巨大作用。在阿里巴巴成立之初，其高层管理者就意识到股权激励的重要性，于是制订了一个"受限制股份单位计划"。该计划与股票期权激励计划有许多相似之处，因为它的具体形式也包括让员工逐年兑现股权，员工的工作年限越长，获得的股权越多，这样一来整个集团的人员稳定性以及工作积极性也都有了保障。

在阿里巴巴集团内部，员工已经形成了一个共识，那就是奖金只是对过去工作的肯定，而"受限制股份单位计划"是对未来的预期，只有企业认为员工将来能作出更大贡献才会将股权授予员工。阿里巴巴的管理层员工、普通员工以及其他投资者持股比例的总数超过了40%。阿里巴巴为员工提供的受限制股份单位每年都会与奖金、年终奖或者半年奖一起发放，具体的奖励额度与员工的职位、业绩、贡献有关。可以说，阿里巴巴集团考虑了每位员工可能受到激励的各种因素。

动态股权架构能够公平地对待团队所有成员，不论是联合创始人还是后来加入的合伙人，不论是仍在职的合伙人还是已经离职的合伙人，都能够得到他们应得的利益。从利益分配的关系来看，动态股权架构是真正实现互利共赢的措施，因为动态股权架构意味着股权分配的份额不是固定的，它会随着员工的贡献、业绩等因素的变化而变化。

能够为企业发展作出贡献的不仅仅是资金，还有时间、专利技术等。动态股权架构是根据不同要素决定激励个量，量化各个要素的价值，并且根据不同阶段进行动态调整来保证激励效果，从而鼓励团队成员为公司带来更多资源，这也是静态股权架构所没有的效果。动态股权架构是根据企业实际发展的需要，在不同发展阶段实现人力资本价值最大化。

在动态股权架构下，合伙人更能够从企业的整体利益出发考虑问题，力求为企业作出更大贡献。他们会积极地思考做什么、怎么做才可以更高效率地为企业作出更大贡献，以获得更多的股权。

第二节 股权动态调整的节点

为了让内部股权在企业发展过程中始终保持平衡，企业要在发展的重要节点对股权进行动态调整，例如合伙人贡献与回报不成正比、新的合伙人加入、原有合伙人退出等节点。

一、合伙人贡献与回报不成正比，提出问题

企业的发展是一个动态的过程，合伙人在企业发展的不同阶段对企业所作出的贡献是不同的，因此其所拥有的股权也应该是动态调整的。如果股权长期处于一个静止的状态，就会出现合伙人贡献与回报不成正比的问题，合伙人会产生负面情绪，引发企业矛盾，影响企业长远发展。

"罗辑思维"是知识型社群的典型代表，然而就是这样一个极具生命力和发展前景的社群，也曾面临合伙团队解散的窘境。

"罗辑思维"之所以使用"罗"这个字，是因为它的创始人是罗振宇。很多用户将罗振宇与"罗辑思维"等同，认为"罗辑思维"就是罗振宇独自创立的，其实"罗辑思维"还有一位创始人——申音。在"罗辑思维"中，罗振宇占股 17.55%，申音占股 82.45%。差别很大的股权比例使得两人之间更像是老板与员工的关系，而不是合伙人，这也为之后两人散伙埋

下了一颗"炸弹"。

在"罗辑思维"发展的过程中，罗振宇的付出要比申音多，但其从中享受的权利，以及所得到的好处却远远少于申音，这必然会激发两人之间的矛盾。最后，罗振宇与申音以较和平的方式将团队解散。

通过"罗辑思维"的案例我们可以看到，如果只是按照刚开始的股权比例分配利益，后期不根据合伙人各项要素投入比例的变化进行股权比例调整，就会出现合伙人贡献与回报不成正比的问题，导致各位创始人分道扬镳。

二、新的合伙人加入，需要调整股权架构

企业在发展的过程中，不免会遇到技术、资金或管理上的问题，为了解决这些问题，创始团队一般会采取寻找新合伙人的方式来促进企业的长足发展。新合伙人加入，也就意味着创始团队的股权要进行重新分配。

1. 新合伙人加入，创始团队的股权分配

新合伙人加入后，创始团队的股权应如何分配？主要分为以下两种情形。

（1）股权转让。

新合伙人可以通过与原合伙人签订股权转让协议的方式加入企业。在这种情况下，新合伙人获得转让股权，转让人获得报酬，其他合伙人的股权比例不变。

例如，华某与金某、陶某共同创立了一家企业，华某为创始人，持有 70% 的股权，另外 2 人分别持股 15%。两年之后，为了使企业更好地发展，华某决定引入新的合伙人程某。金某与陶某同意引入新的合伙人，但不希望自己所持股权受到影响。最终，华某将自己所持有的 10% 的股权以 30 万元的价格转让给程某。此后，华某持股比例变为 60%，程某持股 10%，另外二人的持股比例不变。

（2）增资扩股。

不同于股权转让，增资扩股指的是新合伙人的资金并不是给某个原合

伙人个人，而是给企业，主要用于扩大企业资产，推动企业发展。在这种情况下，原合伙人的股权需要进行同比例稀释，以使新合伙人获得股权。

例如，在新合伙人进入之前，某企业创始人姜某与合伙人谢某、戚某的持股比例分别为70%、20%、10%。此后，企业引入了一名新的合伙人邹某，其以20万元的投资入股企业。在重新分配股权的过程中，该企业首先计算了企业资产，约为80万元，邹某投入20万元后，公司资产为100万元，邹某占股20%。而其余3人按持股比例稀释掉20%的股权，姜某、谢某、戚某的持股比例变为56%、16%、8%。

2. 引入新合伙人时的股权"生命线"

一般情况下，新合伙人加入企业会稀释原合伙人的股权，这时创始人的控制权就会被动摇，因此，在引入新合伙人时，创始人需要注意股权的两条"生命线"。

（1）绝对控股线。

《公司法》第四十三条第二款规定："股东会会议作出修改公司章程、增加或者减少注册资本的决议，以及公司合并、分立、解散或者变更公司形式的决议，必须经代表三分之二以上表决权的股东通过。"这意味着，创始人拥有67%以上的股权，便能够实现对企业的绝对控制。

（2）相对控股线。

持股比例超过50%，意味着创始人拥有超过一半的投票权，也就是拥有相对控制权。《公司法》第一百零三条第二款规定："股东大会作出决议，必须经出席会议的股东所持表决权过半数通过。"只要公司章程中没有特殊规定，在股东按照出资比例行使表决权的情况下，创始人可以主导一些事项的决策，如聘请独立董事，选举董事、董事长，聘请审议机构，聘请会计师事务所，聘请或解聘总经理等。

总之，在股权动态调整的过程中，创始人一定要关注以上两条"生命线"，保障对企业的控制权。

三、原有合伙人退出，需要新的股权分配方案

原有合伙人退出企业这一行为可能会给其他没有退出的合伙人的利益带来损害，为了减少损失，在原有合伙人退出这一股权动态调整的节点上，企业需要新的股权分配方案，一般有以下三种方案。

1. 直接回购

直接回购是较为普遍的方式，当合伙人退出时，企业可以按照当时企业的估值对合伙人手里的股权进行回购，回购的价格可以按照当时企业估值的价格适当溢价。

股权回购实际上就是"买断"。在回购股权时，企业可以运用"一个原则，一个方法"。"一个原则"是对于退出的合伙人，企业一方面可以全部或部分收回股权，另一方面可以按照一定溢价或折价回购股权，这个原则不仅关系合伙人的退出，还关系企业长远的发展。

"一个方法"是指对于如何确定具体的退出价格，建议企业考虑两个要素——一个是退出价格基数，另一个是溢价或折价倍数。例如，企业可以考虑以合伙人购买股权价格的一定溢价，或合伙人根据其持股比例可参与分配企业净资产或净利润的一定溢价回购股权，也可以按照企业最近一轮融资估值的一定折扣价回购合伙人的股权。对于退出价格基数的选择，采取不同商业模式的企业会有所不同。

2. 股权转让

股权转让的方式有两种：企业内部的股权转让和企业外部的股权转让。

企业内部股权转让是合伙人依法向其他合伙人转让股权，这是在企业内部发生的行为。根据《公司法》有关规定，变更公司章程、股东名册和出资证明书等，股权转让行为即可发生法律效力。

企业外部的股权转让是合伙人将其股权转让给现有合伙人以外的投资者，这属于企业外部的转让行为。企业外部的股权转让除了根据《公司法》

有关规定变更公司章程、股东名册以及相关文件外，还须向工商行政管理机关申请变更登记。

股权转让过程中存在很多风险，包括法律风险、市场风险等。为了避免这些风险，企业应该对股权转让进行一些限制，例如在股东未认购时，不得向非股东转让股权；企业不回购时，其他股东优先购买等。

3.减资退股

合伙人减资退股的实质是企业回购退股合伙人的出资，也就是说，企业通过减少注册资本来购买合伙人的出资，从而实现合伙人的退出，这种方法的优点是不需要筹集资金来购买股权。

因为企业减资是企业责任资产额度的减少，这与企业资本不变原则相悖，所以企业减资必须遵循严格的法律程序。《公司法》中规定了企业减资的法定条件与程序，例如董事会制定减资方案，股东大会决议减资方案，编制资产负债表和财产清单，通知和公告债权人，修改公司章程，注册资本变更登记等。

合伙人还应注意减资和退股涉及的相关税务问题，如增值税、企业所得税、个人所得税、土地增值税和契税等。

第三节　两大机制实现股权动态调整

股权动态调整关系企业的发展前景，合理的股权架构调整能够明晰合伙人的权利与责任，最大程度避免出现股权争议，同时调动各个合伙人的积极性，促进企业的长远发展。企业可以通过约定股权成熟机制、设立股权池两种机制对股权进行动态调整。

一、约定股权成熟机制：年份或项目进度或融资进度

在企业经营过程中，为实现股权的动态调整，很多企业都会约定股权成熟机制，制定股权成熟条款，实现分期兑现股权。

成熟条款指的是合伙人入伙初期，得到的仅是股票期权，满足一定条件后，股权会逐渐成熟。约定股权成熟机制的三种形式分别为按年份约定成熟机制、按项目进度约定成熟机制、按融资进度约定成熟机制。

1. 按年份约定成熟机制

股权按年份成熟是一种预估企业发展情况，按照时间来设置股权成熟比例的机制，是一种较为常见的机制。股权按年份成熟的兑现机制一般有以下三种：

（1）股权分 4 年成熟，每年成熟 25%。

（2）股权分 4 年成熟，逐年增加。合伙人第一年可兑现自己应得股权的 10%，第二年可兑现 20%，第三年可兑现 30%，第四年可兑现 40%，这是一种在短时间内加速实现股权成熟的方式。

（3）根据企业发展状况，企业与合伙人自行协商。例如，企业与合伙人可以约定 5 年成熟期，合伙人第一年获得 1/5 的股权，后 4 年每月获得一定的股权。

2. 按项目进度约定成熟机制

除了年份外，企业也可以根据项目进度约定股权成熟机制。例如，某企业是一家科技企业，高某作为合伙人以技术入股，获得 20% 股权，这20% 的股权根据项目进度逐渐成熟。当产品方案通过时，高某可以获得 5%的股权；当产品打样时，他可以获得 5% 的股权；当产品投入生产时，他可以获得 5% 的股权；当产品上市时，他可以获得全部股权。

按照项目进度约定股权成熟机制更适用于创新型科技企业，有利于科技型人才发挥自己的科技优势，在短时间内实现股权的快速成熟。

3. 按融资进度约定成熟机制

当一个企业对资金需求较大时，可以根据企业的融资进度约定股权成熟机制。例如，某企业根据融资数额设置相应的股权成熟机制。为了激励合伙人，该企业规定当企业融资金额达到 500 万元时，合伙人可以兑现其股权的 25%；当企业融资金额达到 1 000 万元时，合伙人可以兑现其股权的 35%；当企业融资金额达到 1 500 万元时，合伙人可以兑现其全部股权。

企业约定股权成熟机制，一方面可以防止合伙人为了短期获利而频繁转让股权；另一方面可以激励合伙人为了获得股权和收益而努力奋斗。该机制有利于维护核心团队的人员稳定，促进企业合伙人共同进步。

二、设立股权池：预留一部分股权

在股权分配中，许多企业一次性分配全部股权，没有预留股权调整空间，但企业的发展是一个动态的过程，在这期间存在非常多的变数。如果企业的股权在创立初期就一次性分配给合伙人，之后再遇到任何变动因素就没有调整的空间了，这显然不利于企业的发展。

因此，企业有必要在进行股权初次分配时预留一部分股权并设立股权池。预留股权可以起到以下三种作用。

1. 发挥股权激励作用

企业的发展离不开员工的努力，而预留股权可以充分发挥股权激励的作用，有利于核心员工的留存。例如，高新技术人才在科技企业中具有重要作用，而对于这些人才而言，年薪和福利等难以发挥很好的激励作用，而通过向这些人才发放股权的方式，可以将企业利益与人才的利益挂钩，激发其主人翁意识，促使其更加积极地为企业作贡献。

2. 有利于引入新的合伙人

企业在经营过程中遇到技术或资金问题时，可以通过引入拥有相应资源的人作为新的合伙人来解决这些问题。新的合伙人加入自然要获得股权，如果企业没有预留股权，那么企业就需要对原有的合伙人的股权进行调整，以释放相应的股权，而在这个过程中，原有合伙人之间很容易产生股权纠纷。一旦原有合伙人中有人对新的股权方案不满意，不愿意释放股权，那么新合伙人的加入就会变得十分困难。

3. 为融资做准备

长久来看，预留股权还可以为企业今后的融资做准备。在融资阶段，企业可以以股权换取投资者的资金。如果企业预留了股权，那么在融资时就可以将部分预留股权分配给投资者，推动融资进程。同时，在融资阶段，投资者会对企业进行仔细的分析和评判，其中，拥有预留股权的企业更能够获得投资者的青睐。

总之，企业在初次进行股权分配时最好不要一次性将股权分配完，要注意预留一定的股权，这能够为企业之后的员工激励、新合伙人引入、融资等事项提供便利，使企业顺利实现股权架构的动态调整。

8

里程碑定义贡献点：把握股权动态调整节奏感

在经营过程中，企业可以根据合伙人的贡献对股权进行调整。股权动态调整机制是一个强力纽带，能够把企业利益与个人利益联系在一起。里程碑是影响企业股权动态调整的一个重要因素，企业可以通过设置里程碑，明确动态调整的节点，把握股权动态调整的节奏，合理分配资源，以发挥每位合伙人的价值，促进企业发展。

第一节　里程碑设置：明确动态调整股权的节点

为保证股权能够被合理分配，企业需要对取得阶段性成果的节点进行界定，并对股权进行动态调整，而里程碑便是进行股权动态调整的重要节点。里程碑的设置并不固定，通常根据企业发展情况划分，大多数企业是一年设置一次里程碑，也有发展迅速的企业半年设置一次里程碑，达到里程碑便可以对股权进行动态调整。合理的里程碑有利于激发合伙人的工作动力。

一、设计明确的里程碑：遵循SMART原则

SMART原则是一种目标管理原则，遵循SMART原则设置的里程碑可以使目标更加明确，一方面可以提高员工的工作效率；另一方面也可以为企业考核员工业绩提供明确的标准，使考核更加合理规范。

SMART原则主要包括五个方面，如图8-1所示。

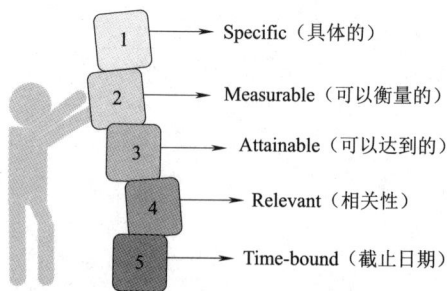

1 → Specific（具体的）

2 → Measurable（可以衡量的）

3 → Attainable（可以达到的）

4 → Relevant（相关性）

5 → Time-bound（截止日期）

图8-1　SMART原则

1. Specific（具体的）

具体的指的是用语言明确阐明要达成的里程碑，不能含糊不清。制定具体明确的里程碑可以使合伙人分工明确，权责划分清晰，防止出现互相推诿责任的情况。例如，某家企业的里程碑是下个季度更好地服务客户，这个里程碑就不够具体，没有对如何更好地服务客户进行详细阐述，可以将其改为下个季度客户满意度达到95%，这样的里程碑就是具体的。

2. Measurable（可以衡量的）

企业制定的里程碑必须可以量化，即能够以有效的数据来判断制定的里程碑是否达到。如果制定的里程碑无法被衡量，就难以判断它是否被完成。企业可以设定一组明确的数据，作为里程碑是否达成的依据。

例如，某企业规定其销售团队每天必须有订单成交，但是没有规定订单成交额，因此成交额可以是5 000元也可以是5万元，但两者给团队带来的压力是不同的，企业没给销售团队一个明确的销售目标，可能会造成销售团队松懈。

3. Attainable（可以达到的）

企业一定要制定可以达到的里程碑，具体来说就是里程碑不宜过高或过低，应该是合伙人通过努力可以实现的。里程碑的设置是为了增加合伙人工作动力，使工作事半功倍，如果里程碑设置过高则会导致合伙人心理和行为上产生抗拒，从而大大降低工作效率与质量。

例如，某企业要求合伙人带领的团队把客户投诉率从上季度的8%降低到2%。降低到6%，甚至5%，都是可以通过努力达成的，但降低到2%就是一个难以实现的目标，会造成整个团队工作懈怠，失去动力。

4. Relevant（相关性）

企业制定里程碑时一定要提前策划，慎重思考，保证每个里程碑之间都有一定的联系。如果一个里程碑与团队的整体发展无关，或者关联度不高，那么即使达成这个里程碑，对团队的发展也没有促进作用。

例如，罗某、周某、沈某共同注册成立了一家科技企业，销售人工智能方面的课程。罗某为最大股东，负责企业方向把控和人员安排；周某负责内容创作和视频制作；沈某负责视频推广和营销。三人分工明确，企业蒸蒸日上。但在设置下半年的里程碑时，罗某认为沈某只有懂得技术才能更好地推广产品，要求沈某学习人工智能相关课程。沈某学习人工智能相关课程占用了大部分时间，但对视频推广和营销助力不多，反而导致下半年的目标没有完成。因此，企业要设置与整体发展情况相符合的里程碑，避免因小失大。

5. Time-bound（截止日期）

每个里程碑都应该有清楚明确的截止日期。企业可以根据工作内容、流程顺序、紧迫程度等来确定里程碑的截止日期，如果截止日期不明确，那么可能会造成考核不公平、合伙人工作热情降低等后果。

总而言之，企业的每个里程碑都必须遵循 SMART 原则进行设置，五个原则缺一不可。SMART 原则可以使里程碑更加合理，这样的里程碑不仅可以指导后期任务的执行，还可以降低不确定因素对企业发展的影响，增强合伙人完成目标的信心。

二、常见的里程碑节点：项目完成+盈利达到预定数值

里程碑的节点对企业的发展也至关重要，常见的里程碑节点有项目完成和盈利达到预定数值。

1. 项目完成

企业可以根据项目周期将项目拆解成几个部分，在各个部分分别设置里程碑，以提高团队的斗志，保证项目高效率完成。

例如，某企业要在两个月时间内举办大型读书会，需要制定读书会的里程碑，企业需要在两个月内完成读书会的启动、谋划、执行和结尾。该企业读书会各阶段的里程碑如下：

（1）启动阶段。用 1 周时间完成读书会的启动，组建读书会团队；

（2）谋划阶段。用 3 周时间交付读书会的详细策划；

（3）执行阶段。用两周时间确定读书会的嘉宾并和他们联系，以及布置场地，用 1 周时间举办读书会；

（4）结尾阶段。用 1 周时间完成读书会的总结报告、绩效评价。

根据项目的完成周期设置里程碑具有缩短员工的工作周期、明确任务等优点，但设定时一定要注意一些要点，比如：

（1）每个里程碑要有具体交付物。例如读书会第一个里程碑的交付物是读书会的人员组成计划表，表格内要明确每个人的职责。

（2）交付物要能够量化。例如第 3 个里程碑中的联系嘉宾，没有具体嘉宾数量则很难评估工作成果，可以具体为联系 20 名嘉宾。

（3）项目里程碑要留存具体工作记录，避免未来出现分歧。

2. 盈利达到预定数值

除了可以将项目完成设置为里程碑外，还可以将盈利达到预定数值设置为里程碑。例如，魏某、景某、吴某三人共同创立了某销售企业，由于三人出资比例和分工不同，为了避免日后引起争端，三人提前制订了动态股权分配计划，具体见表8-1。

表8-1　某销售企业动态股权分配计划

人　　员	初始比例	第一个里程碑释放25%股权中占比	第一个里程碑后持股比例	第二个里程碑释放25%股权中占比	第二个里程碑后持股比例
魏某（销售部）	40%	40%	40%	20%	35%
景某（销售部）	30%	40%	32.5%	20%	29.375%
吴某（市场部）	30%	20%	27.5%	60%	35.625%

首先，三人按照出资份额确定了股权初始比例，魏某出资 40 万元，景某和吴某各出资 30 万元，因此 3 个人的股权持有率分别是 40%、30%、30%。

其次，为了企业持续有活力，他们设置了以下两个里程碑：

（1）接下来的 6 个月内，销售目标达到 600 万元；

（2）产品持续盈利，市场占有率达到 35%，销售目标达到 1 000 万元。

当第一个里程碑完成以后，三人会按比例释放 25% 的股权重新进行股权分配。在第一个里程碑中，魏某、景某作为销售部门主管，工作量更大，做出的努力更多，因此贡献占比更大。在第二个里程碑中，市场部发挥了更重要的作用，因此在分配股权时，吴某的股权占比更大。

每达成一个里程碑，企业都会根据各合伙人投入的金钱、时间、努力等贡献度确定各合伙人的股权占比，这样既能保证股权分配公平合理，又能够激励每位合伙人努力工作。

对于企业而言，里程碑就是企业不断向前发展的表现。动态股权设计为每个合伙人指明奋斗的方向，只要努力付出，就会有股权作为回报。

三、特斯拉：高管里程碑式股权激励方案

特斯拉的股权激励主要表现在对高管团队的激励，即里程碑式股权激励。特斯拉将具体目标设置成里程碑，每达成一次里程碑，其高管就能获得相应的股权。

2009 年，特斯拉启动了第一期里程碑式激励方案，在方案中，特斯拉以其 CEO 埃隆·马斯克为激励对象，共授予其 335 万股股票，在 4 年间分 4 次执行。只要达到任何一个里程碑，埃隆·马斯克便能得到 1/4 的股票，单次约 84 万股股票。特斯拉为埃隆·马斯克设置的里程碑见表 8-2。

表8-2　特斯拉2009年里程碑式激励方案具体内容

2009年激励条款	实施情况	
	完成年份	金　额
完成Model S工程原型	2010年	920万美元
完成Model S工程原型验证	2011年	630万美元
第一辆Model S生产完成	2012年	420万美元
第一辆Model S完成	2013年	40万美元

2012年，特斯拉再次发布了以埃隆·马斯克为激励对象的激励方案。与之前不同的是，2012年的激励方案有额外附加条件，即特斯拉的股票市值需高于40亿美元，具体见表8-3。

表8-3　2012年特斯拉里程碑式激励方案具体内容

2012年激励条款（前提：股票市值高于40亿美元）	实施情况	
	完成情况	获得股份
完成Model X工程模型（Alpha）	已完成	0.5%特斯拉的股份
完成Model X工程模型（Beta）	已完成	0.5%特斯拉的股份
第一辆Model X完成	已完成	0.5%特斯拉的股份
完成Model 3工程模型（Alpha）	已完成	0.5%特斯拉的股份
完成Model 4工程模型（Alpha）	已完成	0.5%特斯拉的股份
第一辆Model 3完成	已完成	0.5%特斯拉的股份
连续4个季度毛利率不低于30%	未完成	未获得
总共10万辆完成	已完成	0.5%特斯拉的股份
总共20万辆完成	已完成	0.5%特斯拉的股份
总共30万辆完成	已完成	0.5%特斯拉的股份

2018年，特斯拉再次公布了对埃隆·马斯克未来几十年的股权激励方案，该激励方案表明，在薪酬方面，埃隆·马斯克不会收到现金奖励，他的收入仅来自达成股权激励里程碑后的股票期权，这也就表明了里程碑可以有效地将合伙人的未来薪酬福利与企业的阶段计划、战略目标绑定，激励合伙人持续为企业发展贡献自己的力量。

企业想要吸引、留存合伙人持续为企业付出，必然要制定与其能力相匹配的激励方案。里程碑式激励方案通过将目标完成过程拆解成不同阶段，可以激发合伙人潜力，让其勇于挑战更高目标，而且以股权代替固定薪酬的方式可以将企业与合伙人的利益更好地捆绑起来。

第二节 量化贡献，合理分配股权

在进行动态股权设计时，企业要衡量合伙人的贡献，为其合理分配股权。企业的发展阶段不同，发展策略与需求也不同，每个合伙人能付出的资源也不尽相同，因此企业需要对他们的贡献进行量化，确保股权分配合理，使合伙人明白只要辛勤付出就会有回报。

一、设计贡献点指标：工作时间+核心创意+知识产权

动态股权最大的优点是公平，而公平则是通过合理设计贡献点指标体现的。合伙人能为企业提供的资源除了金钱外，还有场地、人脉、创意等，这些都可以作为贡献点指标。下面主要介绍三个最为常见的贡献点指标：工作时间、核心创意和知识产权。

1. 工作时间

合伙人对企业最常见的贡献即为工作时间。在大多数情况下，合伙人在工作上投入的时间越长，证明其越重视这份工作，对企业的贡献可能就越大。

合伙人工作时间的贡献点很容易计算，企业只需要横向对比人才市场同类人才的薪酬标准就能得出结果。例如，一位本科毕业、工作年限为两年的合伙人的职位为销售部门经理，那么企业就可以参考人才市场上相同岗位、相同教育背景、相同工作年限的人的薪资水平确定该合伙人的薪资水平。如果平均薪资为2万元，那么该合伙人工作时间这一指标的贡献点就为2万元。

合伙人的工作时间贡献点指的是他应该获得但还未领取的部分薪资。例如，杨某的工作时间价值为一个月3万元，如果他按月领取3万元，那么他只是企业雇用的员工，没有额外的时间贡献；如果他按月领取2万元，

那么他的工作时间贡献点为 1 万元；如果他每月不领取工资，则代表他为企业减少了 3 万元的薪资支出，那么他的工作时间贡献点为 3 万元。

2. 核心创意

单一的想法并不能被称为核心创意，因为其还没有投入生产，不能为企业带来价值。可以作为贡献点指标的核心创意，必然是经过反复推敲有实践价值的商业计划或者是已经投入生产的产品，这些能够为企业带来利润的核心创意才能看作贡献点指标。

构思一个能够落地的核心创意并不简单，这往往需要合伙人投入大量的精力并反复修改。有付出就会有回报，一个核心创意所具有的贡献点也是可观的。

3. 知识产权

知识产权是合伙人对自己的智力劳动成果所享有的权利，包括使用、处理和收益的权利。知识产权是无形财产权，也是一个企业高速发展的重要因素。

企业对知识产权的贡献点计算分为两种情况：第一种是合伙人向企业转让知识产权，那么企业应该根据市场价格将知识产权折算成贡献点；第二种是合伙人向企业授权知识产权，那么企业应依照知识产权对企业的贡献度将授权费折算成贡献点。

知识产权类型众多，许多合伙人也会转让之前已经投入使用的产品，例如小程序、系统软件等，企业可以根据产品的功能、变现能力等来计算合伙人知识产权的贡献点。

对于企业而言，贡献点指标的设计大有学问，企业应该遵循将合伙人职责外的付出作为贡献点指标和将容易衡量的贡献作为贡献点指标这两个原则，公平合理地对合伙人的贡献进行量化，从而让合伙人持续出力，促进合伙人与企业共赢。

二、评估贡献点：合理评估贡献点变现价值

在了解如何设计贡献点指标后，企业就要明确贡献点指标的实际价值，依此进行股权分配。

例如，钱某、郑某、孙某分别投资 50 万元、30 万元、20 万元成立了一家教育培训企业，并以出资比例作为初始股权分配比例，三人股权占比分别为 50%、30% 和 20%。

为了激发工作斗志，三人实行了股权动态调整制度。钱某资金较为充裕，在资金方面贡献较大，郑某负责课程的设计与录制，孙某负责课程的推广与销售。在经营一段时间后，企业达到了预定的里程碑，钱某、郑某、孙某根据各自的贡献点将股权占比调整为 42%、35% 和 23%。

但此时郑某心中有诸多不满，其认为自己设计的课程是企业发展的核心，贡献点应该最大。恰逢企业市值大增，他便准备退出企业将股权变现。企业成立时，郑某投资 30 万元，股权占比为 30%，现在郑某的股权占比和企业收益双双上涨，其认为自己能分到 60 万元，然而当郑某退出时，却只分得 40 多万元，这是因为虽然郑某的股权占比增加了，但他退出企业时，是按照他的贡献点折算股权的变现价值，所以郑某股权变现的收益并不多。

合伙人退出企业的因素多种多样，当其退出企业时，企业为了巩固绝对控股权，往往会对股权进行回购，而根据贡献点折算股权变现价值的方式更公平公正，能够激励合伙人多为企业发展作贡献，也能保障继续留在企业的合伙人的权益。

三、约定计提时点，确保公平公正

计提时点指的是贡献点的计算时间，根据合伙人的贡献点不同，计提时点也有相应的差异。下面是常见的贡献点汇总表，包含贡献点、激励对象 / 岗位、贡献点计算标准等主要内容，具体见表 8-4。

表8-4 常见的贡献点汇总表

贡献点	激励对象/岗位	贡献点描述	贡献点计算标准	计提时点	合伙人退出时，贡献点回购价格	合伙人退出时，股权回购价格	兑现方式	可兑现时点
执行合伙人投入的资金	全体执行合伙人	投入资金	资金总额	投入资金时	八折回购	130%回购价格或者最新估值的30%，取较高者	不能兑现	不适用
全职合伙人未领取的酬劳	全体全职合伙人	未领取的酬劳总额	薪酬水平与实际领取酬劳之差；合伙人可以根据自身的酬劳水平修改实际领取酬劳的标准	发放酬劳时	八折回购	130%回购价格或者最新估值的30%，取较高者	不能兑现	不适用
物资	全体合伙人	投入物资	购买或者租用，参照市价	投入物资时	六折回购	130%回购价格或者最新估值的30%，取较高者	不能兑现	不适用
著作权	全体合伙人	投入著作权	以版税的方式计算贡献点	产品销售后，每月底计算一次	六折回购	130%回购价格或者最新估值的30%，取较高者	可以全部或部分兑现，还可累计贡献点	每月底
促成销售	全体合伙人	促成销售	销售额的2%	实现销售并收回销售款项时	八折回购	130%回购价格或者最新估值的30%，取较高者	可以全部或部分兑现，还可累计贡献点	促成销售后一周内
办公场所	全体合伙人	提供办公场所	市场租金水平	每月底计提	七折回购	130%回购价格或者最新估值的30%，取较高者	不能兑现	不适用
提供咨询顾问服务	外部的顾问合伙人	为企业提供咨询顾问服务	参考其提供服务的市场价格，双方协商确定	服务已经提供完成	六折回购	130%回购价格或者最新估值的30%，取较高者	不能兑现	不适用

续表

贡献点	激励对象/岗位	贡献点描述	贡献点计算标准	计提时点	合伙人退出时，贡献点回购价格	合伙人退出时，股权回购价格	兑现方式	可兑现时点
带领团队走向下一个里程碑	首席执行官	首席执行官带领团队走向下一个里程碑	1万元	走向下一个里程碑	八折回购	130%回购价格或者最新估值的30%，取较高者	可以全部或部分兑现，还可累计贡献点	走向下一个里程碑
融资成功	全体合伙人	对融资有贡献的人，由首席执行官按照每个人的贡献分配	融资总额的1‰	融资款项到账	五折回购	130%回购价格或者最新估值的30%，取较高者	可以全部或部分兑现，还可累计贡献点	融资款项到账
营销	市场总监	制定了完善的营销战略	销售额的1‰	走向下一里程碑	一折回购	130%回购价格或者最新估值的30%，取较高者	不能兑现	不适用
财务管理	首席财务官	负责企业的财务预算和规划	净利润的5%	走向下一里程碑	一折回购	130%回购价格或者最新估值的30%，取较高者	不能兑现	不适用
技术管理	技术负责人	负责IT系统和网上平台	比预算时间提前完成开发，节省10%的成本	完成下一个版本的开发	一折回购	130%回购价格或者最新估值的30%，取较高者	不能兑现	不适用

　　贡献点是合理分配股权的依据，而计提时点则是分配贡献点的时间。股权动态调整能够通过约定计提时点实现公平公正，能够为每位合伙人明确奋斗方向，激励其作出更大贡献。

9

|第九章|

挂牌融资：股权分配的新阶段

挂牌是指非上市企业经由股份代办转让系统来对企业股票进行挂牌交易。融资指的是企业筹措资金的行为，在企业发展过程中，根据生产经营情况和资金充裕程度，企业往往需要从投资者或债权人处获得资金，以确保企业的正常发展。在融资时，企业股东让渡部分所有权，引进新的股东以为企业增资。通过股权融资获得的资金，企业无须还本付息，但会步入股权分配的新阶段，新股东与老股东共享企业的盈利。

第一节　新三板企业股权融资方案

新三板即为全国中小企业股份转让系统，交易场所在北京中关村。新三板的主要作用是提供融资的渠道，使中小企业获得更多资金，帮助中小企业发展。新三板企业则是在全国中小企业股份转让系统挂牌进行股票交易的股份有限公司。新三板企业常用的融资模式包括以下五种：新股定向增发、优先股、企业私募债、资产证券化、银行信贷。

一、新股定向增发：定向发行融资，分期发行

新三板定向增发也被称为新三板定向发行，指的是新三板企业增发股票的对象是特定的投资者。新三板定向增发是股权融资的重要手段，对新三板企业的发展贡献了重大力量。新三板企业进行定向增发具有以下五个特征：

（1）新三板企业可以先发行后备案，企业可以在挂牌的前、中、后三个阶段进行定向增发；

（2）如果符合相应豁免条件，企业无须经过审核便可定向发行；

（3）新三板企业定向增发的股票价格可通过谈判商议；

（4）新三板企业定向增发仅面向特定投资者，最多35人，属于非公开发行；

（5）定向增发后新增股份可以随时转出，无股票锁定期。

由于新三板企业定向增发具有不公开发行的特点，因此对企业股价的影响不大，但如果参与增发的机构实力雄厚，就会在一定程度上提高其

他投资者投资企业的兴趣。定向增发作为一种新兴的融资方式，其优点如图 9-1 所示。

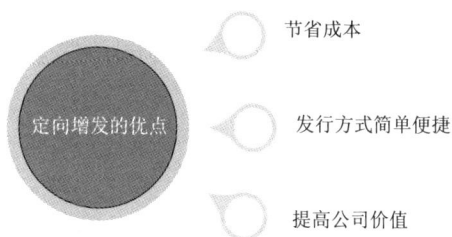

图9-1 定向增发的优点

1. 节省成本

相较于配股和公募增发，定向增发节省了招股说明书等公开宣传费用，对特定投资者发行节省了承销费用，以协议定价代替公开竞价，降低交易成本。

2. 发行方式简单便捷

定向增发的流程相对简单，审批更为快捷。对于企业定向增发股票，交易所没有对企业的盈利情况进行硬性规定，因此对于急需快速发展的新三板企业而言，定向增发也是一种新的融资途径。

3. 提高企业价值

定向增发在一定程度上可以使企业市值上涨，企业能够通过资本市场扩大企业资产规模，从而提升企业资产价值。对于持股比例较低的合伙人而言，定向增发也可以进一步提升合伙人的持股比例。

综上所述，新三板企业定向增发的新股是针对特定的投资者所发行的一种股票，由于其具有多个优点，定向增发逐渐成为新三板企业的主要融资方式。在这种方式下，新三板企业可以获得优质投资者的雄厚资金，推动企业快速成长。

二、优先股：为投资人的投资提供保障

优先股是指在利润分配方面享有优先权的股票。优先股通常预先明确股息收益率，因此比普通股的收益更稳定。优先股的优先权包括以下四点：

第一，持有优先股的股东享有优先分配企业利润的权利，并且享有固定数额的股息，即优先股的股息率为固定值，不因企业的盈利状况不同而发生变化；而普通股的股息不固定，随企业盈利情况而变。

第二，当企业面临破产、解散而进行资产清算时，优先股股东可优先分配企业的剩余资产。

第三，与普通股股东相比，优先股股东的管理权限相对较小，不拥有企业经营参与权，即优先股股东不享有表决权与被表决权，无权干涉企业的经营管理，但在涉及优先股股票所保障的股东权益时，优先股股东有权利发表相关意见并享有相应的表决权。

第四，股份有限公司需要为优先股股东按时汇入固定数额的股息。事实上，优先股股票是股份有限公司的一种举债集资的形式，并不影响企业的利润分配。优先股股东无法退股，但可以依照赎回条款，由股份有限公司对股票进行赎回。

基于优先股的几项优先权，其在财务上更有灵活机动性。是否收回优先股由企业决定，企业可以在一些有利的条件下收回优先股。即便股份有限公司进行破产清算，优先股股东也拥有优先分配剩余资产的权利，因此优先股的投资风险小，能够为投资者的投资提供保障。而对于新三板企业而言，优先股的诸多优点能够吸引更多优质投资者，能够给企业提供更多融资选择，促成更多交易，推动企业融资顺利进行。

例如，2022年，某印刷行业企业成功登陆新三板。在新三板，企业发行优先股进行融资对企业的发展起到了重要作用。2022年初，该企业发布了非公开发行优先股预案公告，表示将向不超过200名投资人非公开发行2 000万股优先股。此后，该企业分两次发行了这些优先股，共计融资

20亿元。

为什么该企业选择通过发行优先股进行融资？首先，该企业的股价较低，发行普通股的吸引力较小，难以获得较多融资。其次，该企业的股权较为分散。第一大股东持股不足30%，前三大股东共计持股不足45%。如果发行普通股进行融资，大股东的股权势必会被稀释，影响大股东的控制权，而发行优先股则可以避免这一问题。最后，该企业的资产负债率超过了65%，财务风险较大，而在发行优先股之后，企业不断上升的资产负债率实现了明显下降，盈利能力增强。

总之，公司发行优先股不仅能够吸引更多融资，还能够保证创始人对公司的控制，优化公司资产结构，推动公司长久发展。

三、企业私募债：高效便捷的融资方式

债券按照发行方式可以划分为公募债券和私募债券两种。公募债券是指面向社会公开发售，任何人都可购买的一种债券。私募债券则是指中小微企业以非公开方式发行和转让，预定在一定期限还本付息的一种债券，它非公开发行，不设行政许可。

私募债券的发行最初是为了帮助中小微企业解决融资的问题，但随着新三板市场规模的扩大，发展态势迅猛，原有的融资功能过于单一，无法满足新三板企业的融资需求。在这样的背景下，新三板企业对融资渠道与融资工具进行了拓展，私募债券便成了很好的选择。私募债券深受人们青睐的主要原因包括三个方面，如图9-2所示。

1. 私募债券发行的确定性高

私募债券往往针对特定对象发行，因此发行企业可以节省一大笔公开销售费用以及发行成本。同时，购买私募债券的群体经济实力较强，购买能力有保障，因此发行的确定性高，资金来源有保障。

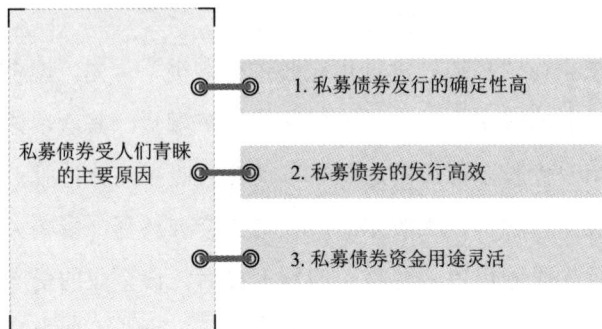

图9-2　私募债券受人们青睐的主要原因

2. 私募债券的发行高效

相较于其他的融资手段，私募债券的发行程序更为简单，操作便捷，其发行审核采取备案制，审批周期更快，可避免因履行注册义务而错失最佳的发行时机。因此，当一家企业存在较好的投资机会，急需资金支持时，可以通过私募债券的方式快速获得融资。

3. 私募债券资金用途灵活

目前行业没有对私募债券所募集的资金规模和用途有明确的规定，因此私募债券发行人可以根据自身的业务需要设定合理的募集资金规模和用途，这也使得债券资金的用途十分灵活。

除了以上优点外，私募债券还具有备案发行便捷、发行条件宽松、融资规模不受限制、成本相对较低、宣传效果好等优点，是新三板企业融资方式中较为高效便捷的一种。

四、资产证券化：以基础资产作为融资支持

资产证券化指以企业拥有的资产为根本，以这笔资产未来产生的收益为偿付支持，通过信用增级发行资产支持证券的过程。20世纪70年代初，美国国民抵押协会发行房贷转付证券，标志着第一笔资产证券化交易完成，之后，资产证券化逐渐成为用途广泛的融资创新工具。

资产证券化主要有四类：实体资产证券化、证券资产证券化、现金资产证券化、信贷资产证券化。

对于新三板企业来说，资产证券化的方式相对灵活，能够增强资金的流动性，企业可以将部分流动性较差的资产转化为可自由支配的资金，进行其他收益率更高的投资。但资产证券化以基础资产作为融资支持，这就要求企业拥有稳定的现金流。

资产证券化的基本流程如下：

（1）搭建资产池。企业根据自身融资需求，确定将要进行证券化的资产，搭建资产池。

（2）组建特设机构。一般由资产的原始权益人设立一个特设机构 SPV（Special Purpose Vehicle，特殊目的机构），然后将资产池中的资产出售给这个机构，在此之后，这些资产的收益将转让给特设机构。这样做的目的是将这些资产的风险与公司本身的风险隔断，以利于特设机构获得较高资信等级的评级，这个步骤是资产证券化运作成功的关键。

（3）完善交易结构，进行内部评级。特设机构需要与银行、券商等达成交易协议以完善交易结构，之后请信用评级机构对交易结构进行内部评级。

（4）信用评级，发行评级。内部评级完成后，为了吸引更多投资者，企业需要通过完善回购协议、获得机构担保等手段，提升所要发行证券的信用等级。之后，企业需要再次聘请信用评级机构进行正式发行评级，并公布评级结果。

例如，湖南某企业是一家新三板企业。2021 年，企业计划扩大生产规模，需要筹集一笔融资，但由于企业可支配资金不多、经营规模不大，因此很难受到投资者的青睐。该企业的优点是收入稳定，每月固定收入 200 万～ 250 万元，因此企业决定以未来收入作为基础资产进行资产证券化，以募集资金。该企业依照资产证券化的融资要求并评估自身历史经验数据，确定以未来一年企业收益作为证券化资产，并将资产组合成资产池，同时设立特设机构，使企业的证券化资产与其他资产之间实现"风险隔离"，对风险进行有效控制，减少未知风险给企业造成的损失。

之后，该企业将证券化资产移交给特设机构。特设机构对资产支持证券的信用等级进行提升，为正式的评级做准备。此后，该企业邀请信用评级机构对信用增级后的资产支持证券进行评级。在信用评级后，特设机构通过多种金融市场渠道出售资产支持证券。

资产支持证券出售后，该企业获得了资金，推动了企业发展。而按照证券发行时的约定期限，即一年后，该企业用资产池获得的收入还清了本金与利息，并支付了各项额外支出。

与其他融资方式相比，资产证券化能够有效避免对外贷款所产生的外部债务压力，它以未来产生的效益为偿付支持，减少了融资成本。对于有稳定现金流的企业来说，资产证券化是一个值得考虑的融资渠道。

五、银行信贷：小额贷专项产品

随着新三板市场的活跃，新三板企业也逐渐受到银行的关注。许多商业银行增设了针对新三板企业业务发展需要的小额专项产品，为新三板挂牌企业提供特殊服务贷款，这增强了对新三板企业的金融支持，拓宽了企业融资的渠道。

例如，兴业银行厦门分行推出"三板贷"产品，制定业务准入标准，以信用免担保方式分别给拟挂牌企业、挂牌企业和做市企业 500 万元、800 万元、1 000 万元的信用额度。

再如，齐鲁银行有专门针对新三板企业核心员工的"齐鲁精英贷"业务。只要是曾在齐鲁银行做过授信的新三板挂牌企业或者拟挂牌企业的高管，其办理业务时只需提供一名具有偿还能力的共同偿还人，便可获得不超过 30 万元的贷款。

又如，平安银行深圳分行早些年便已出台"三板贷"政策，为当地的新三板企业提供贷款支持，而这并不是平安银行的第一次尝试，早在新三板企业挂牌前，平安银行便利用自身优势，为中小型企业提供挂牌或拟挂牌的方向规划、财务咨询、融资方案制定等服务；在企业挂牌后，则为其提供投资机构推荐、小额产品专项贷款支持等服务。平安银行具有资金丰厚、渠道广等优势，新三板企业具有发展潜力大、回报率高等特点，二者通过业务联系，实现资源整合、互利共赢。

银行不仅有针对新三板企业的贷款业务，还逐渐纵向深入发展，为企业提供更为全面的服务。例如针对企业在申请挂牌、挂牌交易、融资扩大等不同阶段的不同需求，为企业提供答疑咨询、融资机构引荐等一体化服务，助力企业发展。

六、股权融资之路：股份制改革，新三板挂牌

在××传媒 2012 年的年会上，创始人首次提出了公司上市的目标。恰逢 2013 年新三板扩容消息传出，创始人认为这是时代给的机遇。企业决定在新三板挂牌的原因很简单，那就是这样做既可以规范企业经营，又有助于塑造企业品牌形象。

公司在新三板成功挂牌之后，创始人觉得是时候开始对员工进行股权激励了。最终有 10 名员工认购了公司的股份，成为公司的股东合伙人。

万事俱备，只差融资。当时的影视制作市场竞争逐渐激烈，创始人希望公司在挂牌之后能够借此机会完成业务的转型升级。当时布局"电视 + 线上 + 线下"模式需要 1 500 万元的启动资金，创始人必须尽快筹集到这笔资金。

所幸东兴证券在得知该公司融资需求后，向公司引荐了北京的××资本。幸运的是，××资本更加关注企业的团队品质、经营模式以及发展潜力，而公司恰好符合其要求。路演结束一周后，××资本就与该公司达成了合作协议，向公司投资 1 000 万元。

之后，××传媒开始向更多投资者和投资机构寻求融资，凭借公司收入稳定、运营状况良好的优势，增加投资者和投资机构的信心。最终公司

首轮融资共计获得近 4 000 万元的资金，为后续的业务转型升级提供了坚实的资金基础。

第二节　新三板企业的股权激励

股权激励指的是企业为了调动员工积极性，让员工持有企业股权、共享企业收益的一种激励行为。新三板企业将股票给予企业中有突出表现的员工，让员工直接以股东的身份参与企业经营决策，共享利润，共担风险，能够极大地调动员工的工作积极性。新三板企业常用的股权激励方式有定向增发直接持股、定向增发间接持股、转让持股。

一、定向增发直接持股：员工直接持股

员工直接持股指的是企业员工拥有一定数额的股票，作为企业的直接股东，在工商机关进行登记。持股员工作为企业的直接股东，享有《公司法》所规定的权利同时也要承担相应的义务。此外，如果股票升值，那么持股员工会受益；如果股票贬损，那么持股员工也要承担相应损失。

大部分新三板企业是正处于发展期的中小企业，对人才的依赖性较高，但由于薪酬水平低、竞争力弱，人才流失率较高。对于新三板企业而言，通过定向增发的方式让员工直接持股的优势主要体现在以下几个方面：

1. 能够吸引和留住人才

员工直接持股后，与企业的关联更强，能够最大程度地激发员工的工作热情，开发员工潜能，有利于人才留存。

2. 企业与员工拥有共同利益，有助于携手共进

未持股前，员工只是在为企业打工，企业的收益与自己关系不大，但员工作为股东，企业的经营状况便与自己的利益息息相关，这也激发了员工的责任感，促使员工与企业携手同行。同时，持股员工还可以行使股东权利参与企业日常经营，他们的主人翁意识会被激发，能够为企业的长远发展积极建言献策。

3. 定向增发可以在短时间内为企业引入大量资金

定向增发股票为企业无偿赠予激励对象或激励对象以低于市场的价格内部购入，若员工内部购入，企业则会获得大量资金，能够更好地开展业务，促进企业规模扩大、市值增加，实现持股员工与企业的双赢。

例如，南京某企业想要增加两条生产线提高企业产能，但短时间内无法获得大量资金，于是采取定向增发的方式筹集资金。

该企业规定股票发行对象为 24 名核心员工，发行量为 500 万股普通股票，发行价格是每股 2 元，核心员工要以现金购入股票，预计企业可以募集 1 000 万元的资金。本次募集资金将作为流动资金用于扩大生产线。

新投产的两条生产线使企业的产量增加了，企业占领了相关市场，收益大幅提升，市值也得到提升。

对于正处于发展期的企业来说，定向增发股票使员工直接持股既可以在短期内为企业带来大笔资金，创造更多效益，又可以激励员工，使他们为企业成长提供助力。

二、定向增发间接持股：通过有限合伙企业间接持股

定向增发直接持股能够使持股员工享有完整的股东权利，但会分散股权，影响决策效率，因此许多新三板企业会搭建有限合伙企业作为持股平台使员工间接持股。对比而言，借助使员工间接持股的有限合伙企业进行股权激励，更适合正处于发展期的新三板挂牌企业。

合伙企业有两种，分别是普通合伙企业和有限合伙企业。有限合伙企业主要由普通合伙人和有限合伙人构成，限定为 50 人以下。普通合伙人也被称作 GP，主要负责管理企业的事务，对企业债务承担无限连带责任。有限合伙人则被称为 LP，仅作为企业的出资方，根据其缴纳的出资金额对合伙企业承担有限责任。

通过有限合伙企业让员工间接持股也有诸多好处，主要表现在三个方面，如图 9-3 所示。

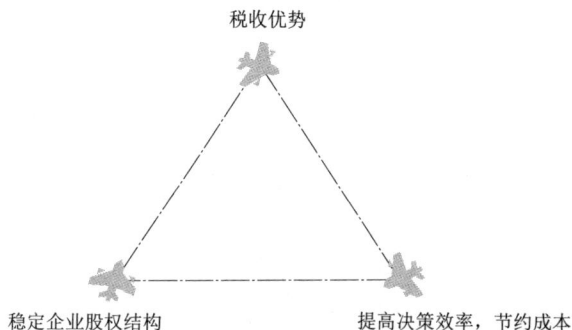

图9-3　有限合伙制平台间接持股优点

1. 税收优势

根据《合伙企业法》的规定，合伙企业不具备法人资格，不需要缴纳企业所得税。合伙企业的合伙人为个人所得税的纳税义务人，合伙人为自然人的需缴纳个人所得税，合伙人为企业法人的需缴纳企业所得税。

其中，《中华人民共和国个人所得税法》（以下简称《个人所得税法》）第三条第（三）项规定："利息、股息、红利所得，财产租赁所得，财产转让所得和偶然所得，适用比例税率，税率为百分之二十。"

根据以上条款，以有限合伙企业持股的个人只需要承担 20% 的个人所得税，在一些税收洼地，自然人合伙人最终承担的税负会更少；同时，合伙人为企业法人的需按 25% 的比例缴纳企业所得税。因此，通过有限合伙企业间接持股具有较大的税收优势。

2. 稳定企业股权结构

对于股东数量较多或者准备实行股权激励的企业来说，让员工通过有限合伙企业间接持股可以有效避免企业发展后期可能会出现的问题，比如企业员工流动造成的股权结构失衡等，从而稳定企业股权结构。

3. 提高决策效率，节约成本

与员工直接持股相比，让员工通过有限合伙企业间接持股的优点在于管理成本相对较低、决策效率较高。直接持股的员工过多，将会影响企业决策效率。

2020年末，章某、苏某、潘某合开了一家传媒企业，三人的投资比例分别为55%、30%、15%，章某掌握企业的相对控制权。

经过大家的苦心经营，企业经营逐渐走向正轨。为了增强员工活力，留住人才，三人决定向部分核心员工发放股权。于是章某、苏某、潘某三人分别释放5.5%、3%和1.5%的股权，将企业10%的股权以每人1%的标准奖励给10名表现突出的员工。至此，三人的股份占比变成了49.5%、27%、13.5%。

这样的办法确实起到了激励员工的作用，但却使企业管理陷入了混乱。持股比例下降、员工直接持股并参与企业决策，使得章某丧失对企业的控制权，企业很多事项都在员工的影响下难以形成最终决策，企业的决策效率大大下降。

以上案例表明员工直接持股的弊端，而借助有限合伙企业让员工间接持股，可以避免创始人股权稀释的问题，保障创始人的决策权。

作为有限合伙人的企业员工，无权管理企业事务，而创始人能以普通合伙人的身份在出资较少的情况下对持股平台的事务进行决策，这不仅能够有效确保创始人对企业的管理控制权，还能够在日常事务中提高决策效率，高效办事。

第三节　新三板企业股权激励灵活性特点显著

随着时间的推移、企业规模的扩大以及市场环境的变化，企业所使用的激励方法也应有所变化。与其他激励方式相比，股权激励最为显著的特点是具有灵活性，即企业能够灵活设置发行价格，而且股票来源具有多样性。股权激励是新三板企业常用的一种激励员工的方式，也是企业长远发展必须重视的一种制度。

一、以合伙企业作为股权激励实施载体

新三板企业在实施股权激励时，出于对员工进行激励又不丧失企业控制权的考量，可以选择合伙企业作为股权激励的实施载体。

例如，分豆教育曾经发布公告称，企业认识到卓越人才是自己的立足之本，为了表达对于人才的重视，吸引留住人才，促进企业股权架构合理化，推动企业经营目标的实现，决定向激励对象定向增发 1 000 万股股票，每股 8 元。

为此，分豆教育专门创立了两家有限合伙企业：北京地归秦投资管理中心（有限合伙）和北京贤归秦投资管理中心（有限合伙），这两家企业仅作为分豆教育定向增发对象，不从事额外经营活动，分豆教育的董事长是两家有限合伙企业的普通合伙人。

其中北京地归秦投资管理中心（有限合伙）所获得的激励份额为 400 万股，锁定期为 4 年，满足激励要求的员工可以获得。北京贤归秦投资管理中心（有限合伙）所获得的激励份额为 600 万股，锁定期为两年，满足相关要求的员工可以获得。

同时，分豆教育明确了实施股权激励的条件：企业当年的净利润额达到 4 300 万元，销售额达到 1 亿元，如果这两个条件没有被满足，那么该

计划自动终止。

总之，以合伙企业作为股权激励实施载体是一种十分灵活且有效的股权激励方式，新三板企业可以采取这一方式。此外，从人数上来说，有限合伙企业由 50 人以下的合伙人创立，但新三板企业可以根据激励员工的数量创立多家有限合伙企业，让股权激励覆盖更多员工。

二、灵活设置发行价格

新三板挂牌企业的股权激励灵活性首先体现在企业可以灵活设置发行价格。最常见的股权激励方式是企业向核心员工定向增发股票，定向增发的股票价格可以由企业自行设定。

例如，某企业在设计股权激励方案时就明确提出此次发行的股票价格为首次公告当天前 20 日的股票平均价格的一半。假设该企业前 20 日的股票均价为 6 元 / 股，那么激励对象可以以股票均价的一半即 3 元 / 股的价格购买股票。如果该企业前 20 日的股票均价为 10 元 / 股，那么激励对象的购买价格则是 5 元 / 股。激励对象购买股票的价格随市场波动而改变。

再如，2016 年初，葛某、范某合伙创办了一家研发企业。4 年之后，企业逐渐发展壮大并成功于新三板上市。为了凝聚人心、留住人才，二人计划对为企业作出突出贡献的三名研发人员实行股权激励。二人经研究决定，以 35 元 / 股的价格对三名研发人员定向增发股票，这个价格低于当时该企业股票 40 元 / 股的市面价格。

两年之后，企业蒸蒸日上，葛某、范某便决定对这两年内业绩突出的两名员工定向增发股票，当时企业股票的价格为 55 元 / 股，二人经研究决定此次定向增发的股票价格为 47 元 / 股。

以上案例就体现了新三板挂牌企业在设置股票价格方面拥有灵活性的优势。企业可以基于自身所处的行业、经营发展状况、成长空间、股票市值等多种因素，制定合理的股权激励方案，确定最终的股票发行价格。

三、股票来源具有多样性

与在 A 股上市的企业不同，新三板上市企业进行股权激励的股票来源多样，既可以通过平台间转让的方式解决股票来源，也可以通过股东股权转让的方式解决股票来源。

例如，某金融企业计划实行股权激励方案，A 合伙企业和 B 合伙企业为其股东，分别持有 30% 和 10% 的股份。A 合伙企业通过全国股份转让系统将 10% 的股份转让给 B 合伙企业，员工通过购买 B 合伙企业的股票实现对该金融企业的间接持股，这便是通过平台间的股票转让解决股票的来源。

再如，某企业为了维护企业近期和长期的利益，确保表现突出的员工和优秀人才能够在公司发挥自身价值，决定实行股权激励方案，以此来促进激励对象与企业的长久发展。该企业计划将 18 350 万股股票授予企业的中高层管理人员、技术骨干和业务精英。在满足激励计划要求的条件下，该企业将付出 183.5 万元通过旗下子公司授予的方式转让股权，股权转让将分两次完成。

第一次转让后，激励对象将共计持有子公司的激励股票 91.75 万股。第二次股权转让发生在激励对象服务期满 3 年且公司首次公开募股前。在这期间，如果该企业因多重原因产生转增资本，那么股权激励计划股权份额也按同比例增长；如果该企业产生其他方式的股票发行，那么此次股权激励的份额也将保持不变。

除了通过平台间的股票转让解决股票的来源外，新三板企业中持有较多股份的创始人也可以直接向激励对象转让股份。例如，为了激励员工，某新三板企业允许激励对象以 1 元 / 股的价格通过对企业增资的方式增持企业股份。创始人郝某将在以上股权激励方案的基础上，向企业 20 名核心员工转让 12 万股股票。

基于股票来源的多样性，新三板企业在股权激励方面的可选择方案有很多，企业可以综合自身情况与需求，制定适合自己的股权激励方案。

10

第十章

合伙退出机制：搭建合伙人退出通道

　　企业发展的过程往往伴随人员的增减。天下之大，聚散无常，合伙人往往会出于利益冲突、经营理念不合、自身变故等多种原因退出企业。如果处理不好合伙人退出问题，企业可能会遇到生产经营困难等问题。因此，企业需要制定完善的合伙退出机制，提前约定退出方案，降低合伙人退出给企业带来的影响。

第一节 制定完善的退出方案，降低影响

一家创业企业在发展过程中人员有出有进是很正常的一件事情，因为主观或客观的原因，每个合伙人都可能会退出企业。为了避免合伙人退出给企业带来负面影响，企业应该在创立之初就设置一套完善的退出机制，维护其他合伙人的利益，将合伙人退出对企业的影响降到最低。

一、提前约定退出方案，后期约定存隐患

为了企业的长久发展，企业应该提前约定退出方案，规定合伙人在企业不同的发展阶段退出，要以不同比例退回股权。如果后期约定，可能就会出现权责不明、股权分配不均等问题，这一方面对其他继续奋斗的合伙人不公平，另一方面也不利于企业的长远稳定发展。

例如，彭某作为合伙人在某企业工作了将近 20 年，为企业立下了汗马功劳。2021 年初，他决定退出企业，要求企业将他的股权变现。该企业按照彭某当年购买股票的原始价格 200 万元回购了股票，这引起了彭某极大的不满。随着企业的发展，彭某持有的股票的价值已上涨至 400 万元，企业回购的价格远低于股票现价。

彭某一气之下将企业告上法庭，要求企业按照其股权所占比例向其分配净资产。经过协商，彭某最终分到了 350 万元。在此次事件中，该企业因为没有提前约定退出方案，遭受了不小的损失。一是因为打官司，企业的形象受到了损害，市值大跌；二是一次性支出 350 万元，对企业的现金流产生了较大影响，导致企业资金周转不畅，经营困难。

根据以上案例可知，企业最好在创立之初就制定合伙退出机制，创始人与合伙人可以提前签订协议，用规范的合同条款来约束彼此，以法律的形式保障企业和合伙人的利益，这样可以让合伙人安稳退出，企业也能够持续运转。

二、应对企业亏损：人走股留+资金占股与参与占股分离

创业企业的发展并不都是一帆风顺的，波折才是企业创业路上的常态。当企业亏损时，有的合伙人选择迎难而上，也有的合伙人选择及时止损退出经营。企业亏损时，合伙人的退出无疑是雪上加霜，为本就经营困难的企业带来又一重创，这时完善可行的退出机制就显得尤为重要。为了应对企业亏损时合伙人退出这种情况，企业可以设置两种方案：一是人走股留；二是资金占股与参与占股分离。

1. 人走股留

郎某、魏某与鲁某是大学同班同学，所学专业是教育学。毕业之后，凭着对教育事业的热爱，三人投身教育行业，创办了一家教育机构。企业创业之初，郎某、魏某、鲁某根据出资比例分配股权，三人持股比例为60%、20%。20%。

当时，教育市场的竞争并不是太激烈，他们的教育机构办得风生水起，甚至扩大了经营，但五年之后，市场中的同类型教育机构越来越多，市场竞争日益激烈。在这种形势下，教育机构的学生人数锐减，教育机构也因此陷入困境。郎某、魏某因热爱教育事业，仍坚持挽回机构，提出缩减机构规模，但鲁某对教育行业丧失信心，准备换一个行业重新发展。

不久后，鲁某便向二人提出退出教育机构的请求，并表示不想退还教育机构的股份。基于三人之前的交情，郎某、魏某二人便同意了这一请求。鲁某走后，郎某、魏某二人向朋友借钱周转，熬过了一段艰难的时光。

一年之后，该教育机构的发展重新步入正轨，盈利越来越多，而因为

鲁某当初并未退股，因此依旧享有教育机构每年的分红，这让郎某、魏某二人十分后悔，经过与鲁某的协商，最终以高价从鲁某手中买回了股份。

在上述案例中，如果郎某、魏某二人在鲁某走时便回收股权，便不会有之后高价回收的事情了。由此可见，在合伙退出协议中签订人走股留条款十分重要，这一条款不仅可以对合伙人随意退出起到限制作用，还可以规避合伙人带走股权而引发的后续问题，实现企业的稳定发展。

出于对企业的负责，企业可以在创业前期设置人走股留的退出机制。合伙人可以在企业亏损时离开，但为了企业的持续发展，合伙人不能够将企业的股份带走，避免后续可能会发生的股权纠纷。

2. 资金占股与参与占股分离

创业起步阶段，合伙人大多按照出资比例来确定股权比例，这种方法看似简便公平，但一家企业的发展并不仅仅依靠资金，还依靠合伙人的努力付出。如果仅仅按照出资比例确定股权比例，后期可能会造成利益分配不公、企业损失分摊不合理等问题。为了公平分配股权，企业可以采取资金占股与参与占股分离的措施。

例如，韦某准备创业做服装生意，但因为缺乏启动资金而找谢某、沈某合伙。韦某投资 20 万元，谢某和沈某各投资 40 万元，三人共投资 100 万元。三人约定以出资比例来分配股权并依据股权占比分配红利和承担损失。

谢某与沈某并不了解服装行业，因此生意由韦某打理。在韦某的经营下，生意始终不温不火，而且由于韦某的一次决策失误，给企业带来了巨大损失。至此，企业已经亏损了 20 万元。见此情形，合伙人沈某决心要清算损失，退出经营。根据当初的出资比例来看，沈某需要承担 40%，即 8 万元的损失，当初的投入资金最终剩余 32 万元。

对于这一结果，沈某心里极度不平衡。他认为，自己只是因为当初出资较多就承担更多损失十分不公平，韦某需要承担更大的责任。于是沈某找来韦某协商，提出韦某需要承担更多的损失的观点。没想到韦某因此与沈某起了争执，两人不欢而散。

在上述案例中，沈某与韦某的矛盾很容易解决，只需要将资金占股与参与占股分离便可。企业可以设置资金股占比 70%，人力股占比 30%。沈某和谢某各出资 40 万元，二人的资金股占比为 28%；韦某出 20 万元，他的资金股占比为 14%，因为他还贡献了人力，所以人力股占比 30%。因此，韦某的总股份占比为 44%，沈某与谢某各为 28%。三人再根据调整后的股权比例承担企业损失，便可做到公平公正。

以上案例表明采取合理方法分配股权的重要性。资金占股与参与占股股权分离体现了按照贡献合理分配的原则，能够避免合伙人心理不平衡，也有利于企业长久发展。企业也可以按照实际情况制定分配方案，调动合伙人的工作热情。

三、约定股权转让限制，保护其他股东利益

对于企业来说，由于合伙人变动造成的股权频繁转让并不利于其平稳发展，因此，一些企业在给合伙人分配股权时，会约定股权转让限制。常见的限制方式有限制转让时间和限制转让对象。

1. 限制转让时间

在企业发展初期，资金投入相对较少，但随着企业稳步发展，企业逐渐盈利，合伙人的收益也逐渐增多，部分合伙人便会趁机转让股权，以获得一大笔现金，但其行为会造成企业股权变动，严重时甚至会影响企业正常经营。

例如，某企业是一家咨询企业，初始资金为 50 万元。经过合伙人的不懈奋斗，一年后，企业盈利百万余元。合伙人俞某持有 5% 的股权，他为了短期获利，便迅速转卖了 5% 的股权，手握几十万元资金离开了企业。

为了避免出现企业盈利后合伙人迅速退出的情况，一些企业通常会约定合伙人在一段时间内不能转让股权或者在一段时间内只能分批次转让股权，以限制股权转让时间。例如，某企业规定合伙人转让股权要分三年进行，第一年转让 20% 的股权，第二年转让 30% 的股权，第三年转让

50%的股权。限制股权转让时间可以对合伙人的股权转让行为进行一定的约束，也可以保证企业平稳运营，发展顺利。

2.限制转让对象

为了保证企业的绝对控股权，企业对合伙人股权的转让对象也会有一定的限制。一般而言，合伙人的股权是由企业回收或优先转让给其他合伙人。

例如，任某、元某、柳某、史某共同注册了一家营销企业，四人股权占比分别是40%、20%、20%、20%。经营一年后，四人因在企业的发展方向方面产生分歧而分道扬镳。任某、史某留在企业；元某、柳某将股权转让给新加入企业的唐某，退出企业。此时，唐某总共有40%的股权，任某拥有40%的股权，两人股权比例一样。在此后的股东大会上，任某、唐某两人经常意见不合，但两人股权相同，无法单独对事务进行定夺，股权占比最少的史某反而拥有了对事务的决策权。在一次重大事项决策中，史某支持了唐某的意见，但这个决策使得企业走上了下坡路，最后走向倒闭。

以上案例表明企业限制股权转让对象的重要性。如果他们四人在创立企业之初就约定不得将股权转让给非股东的外来投资者，那么后来加入企业的唐某不会拥有那么高的股权比例，也就无法对企业经营决策产生重大影响，企业或许能继续存活下去。

企业提前对股权转让作出一些限制，既可以保护合伙人的利益，又可以保证企业平稳运行，顺利发展。

四、约定中途退出惩罚机制，减少企业损失

为了避免合伙人随意中途退出，企业也可以约定中途退出惩罚机制，以此来减少企业损失。最常见的中途退出惩罚机制是设置高额违约金条款。

例如，于某与两个好朋友共同出资成立了一家美妆企业。在合伙创业的两年时间里，于某付出了许多精力，但企业的生意不见起色，因此，于某决定换一个行业。于某与两位朋友协商退出事宜，并要求二人退还自己

投入的资金。两位朋友不同意，但于某却主张：合伙企业创业之初，他们并没有制定退出机制，即使自己现在要走，二人也没有办法留他。

两位朋友十分不满，但他们事先没有约定完善的退出机制，没有约定任何中途退出的惩罚条款，只能清算企业资产，退还了于某相应的资金。而企业资金的骤然减少使得企业的发展更加不顺，最终走向破产。

这个案例表明各位合伙人提前约定中途退出惩罚机制的重要性。如果他们三人在企业创立之初就约定若在中途退出企业，需要支付高额的违约金，那么于某可能不会随意退出企业。因此，合伙人应在创业之初便签订详细的协议，设置高额违约金条款对中途退出行为进行约束，避免某位合伙人中途退出给企业的利益造成损失。

除了设置高额违约金条款外，企业也可以约定其他退出条款。例如，裴某在企业创立之初与其他合伙人签订了退出惩罚合约。合约规定合伙人三年内不能退出经营，如果退出经营，其股权将被企业以一元的价格强制回收。在合伙的第二年，裴某准备退出经营。虽然企业已提醒裴某其签订了惩罚合约，但裴某并未放在心上，仍然决定退出。最后，裴某的股权被企业以一元的价格回购，他之前的付出都打了水漂。

综上所述，中途退出惩罚机制能够有效限制合伙人流动，使企业发展更加平稳。

第二节　约定退出方式，使合伙人顺利退出

为了避免合伙人退出时引发争端，创始人需要与合伙人提前约定退出方式，这样既可以使合伙人顺利退出，也可以使企业平稳度过转折期，继续发展。常见的退出方式主要有三种：回购退出、新三板上市退出、IPO

上市退出。此外，为避免后续纠纷，企业需要与合伙人签订退出协议，将退出事宜以书面形式确定下来。

一、回购退出：设计期满退出回购机制

如果合伙人在退出经营时带走企业股份，可能会造成企业股份外流的后果，为了避免这种情况发生，企业通常会对退出合伙人的股份进行回购。例如，费某在某贸易企业工作了 10 年，拥有企业 10% 的股权，这些股权以分期发放的方式，在 2021 年初发放完毕。2021 年末，费某退休，企业按照市价回购了费某的全部股权。

以上案例便涉及期满退出回购机制。期满退出回购机制是合伙人在持有企业股权超过规定年限后，如果合伙人退出，企业会按照市价回购其股权。

1. 回购期满退出的合伙人股权的方式

企业一般会以两种方式回购期满退出的合伙人的股权：

（1）全额回购：企业按照市价回购合伙人的全部股权并按照一定标准向其支付 5 年分红；

（2）分期回购：企业分 5 年回购合伙人股权，每年回购 1/5，每年按照一定标准向合伙人支付当年分红。

2. 期满退出回购机制的优点

合伙人可以根据自身情况选择合适的回购方式。对于企业而言，期满退出回购机制存在以下优点：

（1）期满退出回购机制能够防止企业股权外溢；

（2）在期满退出回购机制下，交易成本低，操作难度小；

（3）期满退出回购机制能够降低合伙人变动所带来的不稳定性。

一般情况下，期满退出回购机制更适合经营稳定且现金流充足的企业，能够避免企业股权落入他人之手，加强对企业的控制。

二、新三板上市退出：做市转让+协议转让

1. 新三板上市退出的优点

新三板上市退出是深受合伙人喜爱的退出方式，主要原因是新三板上市退出具有以下四个优点：

（1）新三板市场交易活跃，发展迅猛；

（2）新三板市场交易机制相对灵活，变通性强；

（3）新三板市场融资能力强，可以提高企业的借贷能力；

（4）新三板受到国家政策的扶持。

2. 新三板上市退出的方式

对于合伙人来说，企业在新三板上市能够确保自身更快退出。新三板上市退出主要通过两种方式进行：做市转让和协议转让，如图 10-1 所示。

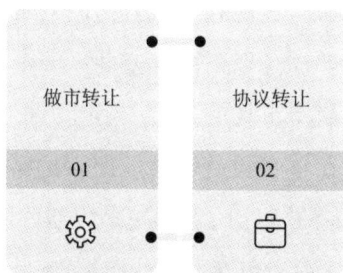

图10-1　新三板上市退出的两种方式

（1）做市转让。做市转让指进行股票交易时，双方不直接进行买卖，而是通过做市平台进行买卖，由券商买入企业股份，再卖出，这样的方式有利于促进交易的公平、公正。

（2）协议转让。与做市转让相比，协议转让是一种相对系统的转让方式。协议转让指合伙人与企业就价格、额度等细节问题私下进行谈判达成协议

的股权转让方法，也是新三板股票挂牌交易的一种形式，需要经过董事会和股东的同意。

在 2014 年新三板正式实施做市转让模式后，通过新三板退出的方式受到了企业合伙人的欢迎。近几年，越来越多合伙人选择在新三板进行交易，新三板的挂牌量和买卖数量都有所增长。虽然新三板市场存在流动性欠佳、做市商数量稀少等缺点，但对于合伙人来说，新三板灵活的转让协议和做市协议能够保证其快速退出。新三板成为深受企业追捧的股权交易市场。

三、IPO 上市退出：理想的退出方式

IPO 上市退出指的是企业合伙人退出经营，在公开市场挂牌交易股票。对于合伙人来说，IPO 上市退出可以获得较高收益，是一种十分理想的退出方式。

IPO 上市退出的优势主要在于上市企业市场流动性强，合伙人可以通过抛售股票获得大量收益，实现利益最大化，但是想要通过 IPO 上市退出获得高收益的合伙人需要注意以下两个方面：一个方面是合伙企业要稳定经营，创造良好业绩，获得市场的肯定；另一方面是合伙企业的业绩要稳定增长，企业发行的股票才会日益增值，拥有足够的上涨空间。只有企业做到这两点，合伙人才能在退出时获得更多收益。

从实际情况看，IPO 退出也存在一些弊端：

（1）企业上市门槛较高，对其资产和经营状况都有相关规定；

（2）企业上市花费的时间长，付出的成本高，需要合伙人有足够的耐心；

（3）IPO 退出程序复杂，存在诸多未知风险。

例如，薛某、雷某以资金入股某初创企业，该企业在前期虽然稳步发展，但收益不高，薛某便要求退股。雷某因资金充裕，便一直没有退股。由于国家政策支持，该企业得到了飞速发展。3 年后，该企业实现了 IPO 上市，雷某转让了自己的股权，获得了高于投资金额 15 倍的收益。

总之，对于合伙人来说，IPO 上市退出是回报率相对较高的退出方式，

但这要求企业能够持续发展、稳中有升，因此需要合伙人具有足够的耐心与企业共同成长。

四、签订退出协议，规避后续风险

为了避免日后出现权责不明的情况，合伙企业往往会在创立之初就与合伙人签订退出协议，以书面形式对合伙人的退出行为进行约束。签订退出协议最大的好处是有据可循，降低违约风险，促进双方愉快合作。

例如，贺某、倪某、汤某合伙开了一家服装企业。因为企业发展势头良好，所以三人便从外部引入合伙人罗某，计划进一步扩大企业规模。四个人各司其职，贺某负责联系客户，倪某负责服装设计打版，汤某负责联系销售渠道，罗某负责资金支持，企业蒸蒸日上。不久后，罗某因为个人原因准备退出经营。四人便按照当时签订的退出协议，以在股票原价的基础上增加30%的价格回购罗某股票。四个人通过提前签订退出协议的方式，实现了合伙人的和平退出，做到了好聚好散。

企业和合伙人提前签订退出协议既有利于合伙人顺利退出，也能够帮助企业度过过渡期，实现双赢。

一般而言，合伙人退出协议包含合伙人和企业的基本信息，合伙人的出资额、出资方式、出资期限、合伙人退伙时的交接清点等内容。合伙人退出协议范本如下：

合伙人退出协议范本

在《中华人民共和国合伙企业法》《中华人民共和国民法典》等相关法律的基础上，按照自愿、平等、互惠互利的原则，经甲、乙合伙人一致同意，制定本协议。

甲、乙双方合伙创立 ＿＿＿＿＿＿＿＿（合伙企业名称），由于 ＿＿＿＿＿＿＿＿（某项事由），合伙人 ＿＿＿（甲或乙）选择中途退出。协议规定合伙人 ＿＿＿（甲或乙）退出股份后，由 ＿＿＿（甲或乙）进行独立经营。

具体的协议内容如下：

第 1 条：合伙人基本信息。甲方 _____，身份证号码 _____。乙方 _____，身份证号码 _____。

第 2 条：甲乙双方合伙经营的商铺名称 _____，住址 _____，营业执照号码 _____。

第 3 条：甲、乙双方的出资额、出资方式以及出资期限。甲方 _____ 以 ___ 方式出资，出资金额共计 ___ 元，出资期限为 ____ 年；乙方 _____ 以 ___ 方式出资，出资金额共计 ___ 元，出资期限为 ____ 年。

第 4 条：合伙人退伙时的交接清点以及各项承诺的履行状况。

（1）仓库清点，库存余额 _____ 元；公司的盈亏清点，净利润 _____ 元。

（2）___（甲或乙）退出股份，按照双方签订的合伙人协议，___（甲或乙）应付退出方 ___（甲或乙）_____ 元的金额。

（3）退股方要求应以现金的形式得到未退股方 _____ 元的金额，支付期限一共是 ___ 天，如果延迟支付或者未支付，则应给予退股方 _____ 元的违约补偿。

（4）本协议签订时 ___ 方应将自己所有债务履行完毕。___ 方如果因为自身债务给企业和 ___ 方造成损失，企业和 ___ 方有权追究 ___ 方的责任。

第 5 条：其他事项。本协议自三方签字盖章后正式生效，该协议一式三份，甲乙双方及中间人各执一份，直到 ___（甲或乙）拿到偿还的现金为止。当退股方拿到偿还的现金后，要把此协议书返还给 ___（甲或乙）。

甲方：_____（签字盖章）　　　　　　乙方：_____（签字盖章）

___ 年 ___ 月 ___ 日　　　　　　　　___ 年 ___ 月 ___ 日

中间人：_____（签字盖章）

___ 年 ___ 月 ___ 日

企业与合伙人签订的协议，具有法律效力，当有一方违约时，另一方可以通过法律手段维护自己的权益。

下篇

多维风险控制

11

|第十一章|

股权风险控制：企业长久发展的基础

创业是一件收益与风险并存的事情。合伙企业在获得高额回报的同时，也会遇到许多风险，其中最常见的便是股权风险。股权风险包括股权分配方式不合理、合伙人持股风险、股权融资风险等。股权一定要分配得当，否则可能会使企业陷入危机。企业只有提前了解并做好股权风险控制，才能实现长久发展。

第一节　股权分配方式不合理，引发股权风险

对于企业来说，股权分配并不是一项简单的工作，稍有不慎便会埋下风险隐患。企业的股权分配不合理会引发多种危机，例如，股权过于分散会导致创始人缺乏对企业的控制力，股权过于集中会导致合伙人缺乏工作动力，因此，企业要采取合理的股权分配方式，避免让股权分配问题阻碍企业发展。

一、股权过于分散，缺乏控制力

股权分散指的是企业股权掌握在多个合伙人手中，每个人手中的股权较少，企业缺乏主要决策人。股权分散在决策方面对企业造成的影响主要体现在以下几个方面：

（1）降低企业决策效率。股权过于分散会导致创始人对企业的控制力不足，无法单独作出决策，而各位合伙人的想法往往不同，难以在同一件事情上达成一致意见，这会降低企业决策效率，影响企业的后续发展。

（2）合伙人获得的利益有限，参与决策的热情不高。一般来说，企业是按照各位合伙人的股权比例给他们分配利益，许多合伙人持股比例相对较低，所得收益不多，因此缺乏参与企业经营决策的热情。

例如，余某与三名合伙人共同创立了一家企业，四个人对股权进行平均分配，每人各占股 25%。由于股权分配过于分散，创始人余某缺乏对企业的控制力。在企业的经营过程中，四个人因为理念不同，他们在企业决策问题上分成了两个派系，两个派系各两人，持股比例相当。按照公司

章程，企业的决策需要半数以上股东同意才能被通过。在股东大会上，两个派系的人多次否决对方提议，造成企业的许多事情无法形成最终决策。企业的精力大多消耗在调解双方矛盾上，错过了许多机会。可见，企业缺乏有控制力的创始人，很容易使企业经营陷入僵局，阻碍企业的进一步发展。

合伙人众多，也会出现小股东影响决策的情况。例如，齐某、安某合办了某企业，分别持股 60% 与 40%。为了激发员工的工作积极性，促进企业快速发展，二人决定对表现优异的员工进行股权激励。齐某、安某拿出共计 20% 的股份进行股权激励。实施股权激励后，齐某持股 48%，安某持股 32%。股东大会的决策需要股东所持表决权过半数才能通过，因此小股东的意见十分重要。新增的小股东大多与安某关系较为亲近，在这种情况下，安某在股东大会上的决策总能得到小股东们的支持，企业的决策权实际上由安某掌握。如果安某想要趁机扩大自己的利益，甚至滥用职权，那么企业便会陷入治理僵局。

总之，股权分散可能会给企业的经营埋下隐患，企业需要通过加强对管理层的内部监督，建立规范、科学的运营体系来解决股权分散问题。

二、股权过于集中，不利于企业长久发展

为了避免股权分散的情况，创始人一般会选择控制合伙人数和其他合伙人的股权占比，但如果创始人持股比例过高，又会造成股权过于集中，创始人拥有绝对的控股权与话语权，可能会造成"一言堂"的情况，这种情况会出现以下弊端：

（1）股权过于集中会导致企业缺乏对创始人的有效监督。创始人股权集中有利于增强其对企业的控制力，但控制力增强也会导致董事会、股东会形同虚设，合伙人难以对创始人的行为进行有效监督，无法保证企业的健康运营。在股权高度集中的情况下，创始人可能会滥用控制权，侵占、转移企业财产等。

（2）股权过于集中限制了企业管理层人员的流动。企业的股权过多集中在创始人手中，会大大降低管理层人员的流动性。如果创始人出现问题，企业也很难及时对管理层进行人员调整。

（3）股权过于集中缺乏对合伙人的激励。一方面，合伙人无法影响企业的决策，其参与企业经营的热情会降低，企业也会缺乏活力；另一方面，企业难以通过股权激励吸引新的合伙人加入。

（4）股权过于集中造成企业抗风险能力弱。虽然股权集中对于企业前期发展影响不大，但企业发展步入正轨后，因其缺乏相对制衡机制，创始人出现决策失误的可能性便会增加。企业规模越大，创始人决策失误的后果能够挽回的概率越低。

总之，企业在分配股权时要避免股权过于集中。股权分配得当，有利于企业持续发展；股权过于集中，合伙人则会失去奋斗激情，企业发展也会停滞不前。

三、宝万世纪之战：创始人退出管理层

细数几十年来轰动一时的商战事件，宝万世纪之战必然榜上有名。宝万世纪之战指的是宝能系集团与万科集团为了争夺万科集团的控制权而进行的股权之争。从 2015 年到 2017 年，宝万世纪之战充满了曲折，最终以万科集团创始人王石退出管理层结束。

万科集团由创始人王石于 1984 年创立，经过几十年的稳扎稳打，成为市值千亿元的房地产企业。2015 年，股市动荡，万科集团的股价下跌。在这种情况下，宝能系集团的董事长姚振华瞄准了万科集团这块"肥肉"，多次购买其股票，准备趁机并购。

姚振华于 2015 年 7 月 10 日、7 月 24 日、8 月 26 日三次举牌万科集团，合计收购了万科集团 15.04% 的股份，这也意味着宝能系集团以高于万科集团原第一大股东华润集团 0.15% 股份的微弱优势成为万科集团第一大股东。华润集团对此予以反击，耗资 4.97 亿元进行股票增持，截至 2015 年

9 月底，华润集团以 15.29% 的股份重回第一大股东之位。

随着宝能系集团与万科集团在股市的暗暗较量，王石于 2015 年 12 月 17 日在朋友圈公开宣战宝能："不欢迎宝能系成为万科的第一大股东。"王石的这一举动也将两个集团的争端摆上明面。第二天，宝能系集团以 24.29% 的持股比例一跃成为万科集团第一大股东。宝万世纪之战股权变动时间线如图 11-1 所示。

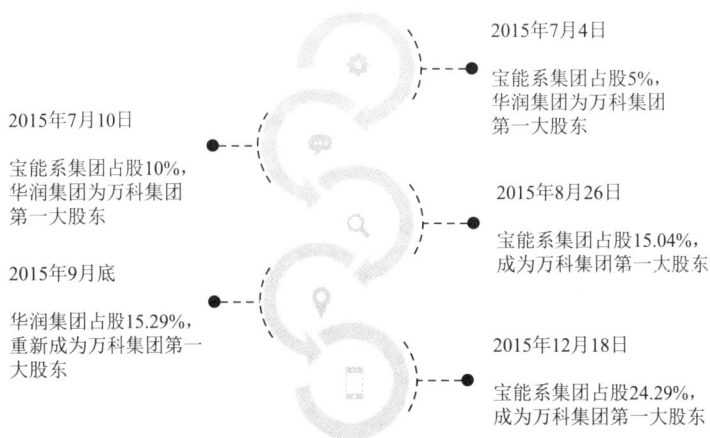

2015年7月4日
宝能系集团占股5%，
华润集团为万科集团
第一大股东

2015年7月10日
宝能系集团占股10%，
华润集团为万科集团
第一大股东

2015年8月26日
宝能系集团占股15.04%，
成为万科集团第一大股东

2015年9月底
华润集团占股15.29%，
重新成为万科集团第一
大股东

2015年12月18日
宝能系集团占股24.29%，
成为万科集团第一大股东

图11-1　宝万世纪之战股权变动时间线

2015 年 12 月 18 日下午，万科集团也开始了反收购措施，以重大资产重组的理由宣布停牌，这一措施既使宝能系集团暂时无法再购买万科集团的股票，也为万科集团实施其他对策拖延时间。2016 年 3 月，万科集团想要通过定向增发的手段引进深圳地铁集团，阻止宝能系集团的收购，但这一行为遭到大股东华润集团的反对，万科集团与华润集团决裂，宝万世纪之战再增新的波澜。

2016 年 7 月，因宝万之战影响之大，深圳证券交易所出面向两方发出监管函，一是批评了万科集团违规透露未公开的重大信息；二是对宝能系集团未按要求上交股份权益变动书的行为进行了严重警告。2016 年 12 月，证监会再次对宝能系集团的行为进行批评。当时的保监会也于 2017 年 2 月对姚振华发布了 10 年内不得进入保险业的处罚公告。

至此，宝万世纪之战在多方的介入下终于迎来了结局。宝能系集团放弃争夺万科集团的控制权，华润集团、2016 年 8 月进场的恒大集团等股东将股权转让给深圳地铁集团，深圳地铁集团一跃成为万科集团第一大股东。王石退出万科集团，由郁亮出任董事长。

宝万世纪之战持续近两年才落下帷幕，这一场惊心动魄的股权争夺战给企业治理带来了一些启发。

1. 万科集团股权分散使宝能系集团有了可乘之机

在发展过程中，万科集团的股权一直较为分散，作为万科集团第一大股东的华润集团股权占比仅为 14.89%，具体见表 11-1，创始人王石、高管郁亮等人持股占比总额也只有 1% 左右，这种股东众多但每人手握股权较少的情况，为宝能系集团暗中收购万科集团股份提供了很大的便利。

同时，作为万科集团第一大股东的华润集团一直以投资人的身份持股，并不参与企业事务的管理，给予了以王石为首的管理层极大的自由。在这种自由下，王石也放松了对资本市场的警惕，没有提前回购股份来增强自己话语权，从而使宝能系集团有了可乘之机。

表11-1 万科集团前10名股东股权占比情况

股东名称	持股比例	持股总数（亿）
华润股份有限公司	14.89%	16.46
香港结算	11.9%	13.15
国信证券—工商银行—国信金鹏分级1号集合资管计划	4.14%	4.6
GIC PRIVATE LIMITED（新加坡政府投资公司）	1.38%	1.52
刘元生	1.21%	1.34
MERRILL LYNCH INTERNATIONAL（美林国际有限公司）	1.12%	1.24

续表

股东名称	持股比例	持股总数（亿）
中国人寿保险股份公司—分红—个人分红—005L—FH002沪	0.87%	0.96
万科企业工会委员会	0.61%	0.67
中国人寿保险（集团）公司—传统—普遍保险产品	0.57%	0.63
UBS AG（瑞士联合银行集团，United Bank of Switzerland）	0.54%	0.59

注：统计截至2015年宝能系集团举牌万科集团前。

2. 与股东保持良好关系

回顾宝万世纪之战，除去宝能系集团的来势汹汹，第一大股东华润集团的"暧昧"态度也是万科集团节节败退的重要原因。在宝能系集团举牌万科集团前，作为第一大股东的华润集团并不干涉万科集团的发展问题，将控制权完全交付给以王石为首的管理层。在这样的前提下，2015 年 12 月王石等人未与华润集团商议便作出了引入深圳地铁集团的决定，而这一决定也惹恼了华润集团。华润集团拒绝引入深圳地铁集团，并明确表示对万科管理层不尊重自己意见的不满。因此，创始人一定要保持与股东的正向沟通，与股东保持良好的关系，以在面临一些突发问题时能获得股东的支持。

第二节　合伙人持股风险与防范

合伙人在合伙经营的过程中，不仅会面临股权分配的问题，还可能遇到各种持股风险。常见的合伙人持股风险有股权代持风险、夫妻持股风险、股权继承风险，每一种风险都会给合伙人带来严重后果。合伙人需要提前了解这些风险并找到合理的防范方法，促进企业发展。

一、股权代持风险：合伙人利益受损

股权代持又叫假名出资、隐名出资、委托持股等，指的是合伙人作为实际出资人将自己的股份转交他人代持的股份处置方式，其中，只出资但不持有股权的合伙人被称为隐名股东，未出资但持有股权并能行使股东权利的合伙人被称为名义股东。

1. 合伙人选择股权代持的原因

（1）个人身份原因。合伙人出于安全考虑不愿暴露自己的身份或者企业对股东身份有特殊要求时，合伙人往往会选择股权代持。

（2）商业运营原因。合伙人为了避免经营中的关联交易或对特殊行业的持股上限限制，选择股权代持。

2. 股权代持的风险

股权代持确实为合伙人持股提供了便利，但合伙人也可能会遇到以下四种风险：

（1）合伙人无法获得全部分红。虽然合伙人与名义股东一般会签订股权代持协议，但股权代持协议仅对签订合同的两方产生约束力，对于第三方，即涉及的企业没有约束力。例如，元某与伍某签订了股权代持协议，元某作为合伙人出资，伍某作为名义股东代持某企业股票。在协议签订的前两年，伍某会按时将企业分红交付给元某。随着企业的发展，每年股东所能获得的分红也逐渐增多，但伍某仍旧按照前两年的分红标准给予元某分红。元某产生了异议，但却没有确切证据表明伍某私吞部分分红，这是因为元某、伍某签订了股权代持协议，但这份协议仅在两人之间生效，无法对企业产生约束力。企业仅对名义股东披露分红信息，元某并无知情权，无法得知实际分红信息。在这种情况下，即便元某对伍某提起诉讼，也很难得到法院的支持。由案例可知，合伙人的股权由他人代持存在一定的风险，合伙人在与名义股东签订股权代持协议时，要认真审核协议内容，确保内容完备，以保证自己的利益。

（2）名义股东滥用决策权，对合伙人产生不利影响。股权代持过程中，合伙人通过名义股东参与企业经营决策，决策权由名义股东掌握。名义股东可能会滥用决策权，从而对合伙人产生不利的影响。例如，名义股东在对合伙人不利的事情上行使表决权，甚至可能会擅自转让、抵押股权等，这些行为可能会严重损害合伙人的利益。

（3）合伙人无法转为实际股东。《最高人民法院关于适用〈中华人民共和国公司法〉若干问题的规定（三）》第二十四条第三款规定："实际出资人未经公司其他股东半数以上同意，请求公司变更股东、签发出资证明书、记载于股东名册、记载于公司章程并办理公司登记机关登记的，人民法院不予支持。"合伙人想要转为实际股东需要获得除名义股东外的半数股东的同意，这也意味着合伙人转为实际股东的难度大大提高。

（4）合伙人面临的税务风险。当股权代持协议解除时，合伙人可能会面临税务问题。例如，孟某出资 20 万元获得某企业 10% 的股份，登记在名义股东黄某名下。3 年以后，二人准备解除协议，此时 10% 的股价已经升值为 100 万元。从税务角度来说，黄某将股权转让给孟某的行为将会被税务机关认定为普通的股权转让，因此，黄某将会被征收 20% 的个人所得税，又因为实际出资人为孟某，这笔税款将由孟某支付，孟某将会承担高额的税务支出。进行股权代持之前，合伙人要提前考虑可能出现的税务问题。

3. 防范风险的方式

对于以上四种风险，实际出资的合伙人可以通过以下三种方法进行防范。

（1）选择可靠的代持主体。为了避免名义股东可能引发的风险，合伙人需要选择可靠的代持主体。选择代持主体需要注意以下三个方面：信用等级良好，资金交易频率低，由靠得住的亲人、朋友代持。

（2）制定完善的股权代持协议。《最高人民法院关于适用〈中华人民共和国公司法〉若干问题的规定（三）》第二十四条第一款规定："有限责任公司的实际出资人与名义出资人订立合同，约定由实际出资人出资并享有投资权益，以名义出资人为名义股东，实际出资人与名义股东对该合同效力发生争议的，如无法律规定的无效情形，人民法院应当认定该合同有效。"合规的股权代持协议受到法律的保护，因此，合伙人与名义股东签订股权代持协议时，不仅要明确双方的权利、义务，还要约定出现事故时的处理办法。

（3）妥善保管代持股权证据。为了避免权利受到侵害，合伙人应该妥善保管由名义股东代持股权的证据，包括但不限于：股权代持协议、双方的交流信息、转账往来等，如果名义股东的行为对合伙人造成了不良影响，合伙人可以凭借这些证据维护自己的权益。

二、夫妻持股风险：容易导致财产混同

很多初创企业的合伙人是夫妻关系，即夫妻双方共同持有全部股份，这种持股方式看似能够分散风险，但实际上很容易导致财产混同。对于夫妻双方持有全部股份的企业，如果没有提前分割企业财产与夫妻共同财产，法院一般会按照一人有限责任公司来处理。《公司法》第六十三条规定："一人有限责任公司的股东不能证明公司财产独立于股东自己的财产的，应当对公司债务承担连带责任。"也就是说，夫妻双方需要对企业债务承担连带责任。

例如，穆某、萧某为一对夫妻，两人共同创办某企业。虽然企业为穆某、萧某合办，但企业的实际决策人为穆某。后来，企业经营失败，欠款20万元。因无力偿还欠款，穆某被告上法庭。法院认为，企业创立于穆某、萧某婚姻存续期间，其股权属于双方的共同财产。即使该企业有两名股东，但由于股权全部来自同一财产权，且股权主体具有实质单一性，因此该企业是一人有限责任公司。

同时，穆某没有区分企业财产与个人财产，企业的资金往来与家庭的日常消费均从其个人账户支出。虽然萧某不参与企业经营，但其为企业股东且与穆某是夫妻关系，企业经营所得也用于家庭消费，因此，20万元欠款属于夫妻共同债务。

该案例说明，夫妻二人合伙创办企业很容易导致财产混同。为了避免这种情况，夫妻合伙创业时可以采取以下措施：

（1）提前签署夫妻财产分割协议，对夫妻财产进行分割。

（2）聘请专业的财务人员，建立规范的财务制度。设置独立的企业账户，不与股东个人账户混用。

（3）增加一名或多名股东。如果企业的股东只有夫妻二人，那么企业则有被视为一人有限责任公司的风险，增加一名或多名股东则能避免这种风险。

夫妻持股的企业可以采取以上几种措施避免财产混同，确保企业拥有合理的股权架构，促进企业的发展。

三、股权继承风险：以企业章程规定股权继承资格

股权继承指的是企业合伙人死亡后，继承人按照相关规定继承其股权的制度。依照公司章程规定股权继承资格，可以规避企业因合伙人死亡带来的意外风险。

《公司法》第七十五条规定："自然人股东死亡后，其合法继承人可以继承股东资格；但是，公司章程另有规定的除外。"该法律条文为公司章程规定股权继承资格提供了法律依据。

例如，某企业的公司章程规定：自然人股东死亡后，其合法继承人若想继承股东资格，需经半数股东同意；若不想继承股东资格，企业将以高于购入价50%的价格回购股权。此后，合伙人尹某因病死亡，其儿子为合法继承人，想要继承尹某的股东资格，但因为他个人能力较弱，没有经过半数股东的同意，因此他只能选择将股权转让给企业。

以上案例表明，以公司章程规定继承资格能够有效避免因合伙人死亡而引发的相关风险，使企业股权架构更为稳定，企业得以顺利发展。

第三节　股权融资方案存在缺陷，引发企业风险

为了实现企业更好地发展，很多企业都会走上融资之路。在这一过程中，如果企业的股权融资方案存在缺陷，则很有可能引发风险。股权融资中最常见的两种风险是创始人的控制权被稀释和投资者选择失误导致的经营风险。

一、控制权稀释引发风险

在企业经营过程中，很多创始人都会通过融资扩大经营，但融资也伴随着股权被稀释的风险。没有经验的初创合伙企业往往会设置"同股同权"，即同一类型的股份的权利是相等的，这就需要创始人至少拥有 50%的股份，才能够拥有企业控制权。

例如，姚某、邵某合办某企业，二人股权占比分别是 60%、40%。企业实行同股同权的股权架构，姚某股份占比较多，拥有企业的控制权。企业后期的效益不错，进行了三轮融资。第一轮姚某、邵某出让 10% 的股份，第二、三轮二人与其他投资人共出让 20% 股份。最后，姚某、邵某的股份经过三轮融资稀释后仅有 34.56% 和 23.04%，具体见表 11-2。虽然姚某仍是企业股权占比最多的股东，但其他股东在多次决策中不赞同姚某的提议，拥有 34.56% 股权的姚某只能退让，丧失了企业的控制权。

表11-2 某企业多轮融资后股权占比

企业股东	初始股份	第1轮融资后	第2轮融资后	第3轮融资后
姚某	60%	54%	43.2%	34.56%
邵某	40%	36%	28.8%	23.04%
投资者A	—	10%	8%	6.4%
投资者B	—	—	20%	16%
投资者C	—	—	—	20%
总计	100%	100%	100%	100%

为了避免创始人因股权稀释而失去控制权，有些企业会实行 AB 股制度。AB 股制度的核心是同股不同权。企业发行 A 类和 B 类两种股票，A 类股票是 1 股 1 票，B 类股票是 1 股 N 票，保证 B 类股票投票权高于 A 类股票。B 类股票一般不能够转让，如果转让，也要先转换为 1 股 1 票的 A 类股。这种方式可以保证在股权被稀释的情况下，创始人依旧能拥有对企业的控制权。

以百度为例，李彦宏手持 B 类股票，1 股拥有 10 票投票权；其他投资人手持 A 类股票，1 股 1 票投票权。截至 2022 年 1 月，李彦宏以 16.5% 的股份拥有 56.5% 的投票权。合理运用 AB 股制度的还有京东等。

企业融资过程必定伴随创始人股权的稀释，创始人应该提前制定相应政策，保证在股权占比较少的情况下，仍能拥有企业控制权。

二、投资选择失误，企业经营决策困难

即使股权融资不会动摇创始人对企业的控制权，但股权融资之后，参与企业经营的股东变多，同样会影响企业决策，因此，在融资时，企业需要选择合适的投资者，如果投资者与创始人的经营理念不同，那么不仅会造成企业决策效率低下，还会导致企业决策错误概率增加。

例如，宋某、潘某合伙创立了一个家具生产厂。3 年后，家具生产厂

发展逐步稳定，二人准备通过融资扩大工厂生产规模。在这个阶段，基于家具生产厂良好的发展前景，不少投资者都表示了投资意向，其中，由于投资者卫某提供的资金最多，因此二人没有对其进行详细的了解便同意卫某加入，而这为企业后续的发展埋下了很大的隐患。

卫某加入不久，家具生产厂的原材料供应商出现问题，三人决定换一家供应商。有两家供应商可供选择，一家是老牌供应商，出货速度稳定但价格稍贵；另一家是新晋供应商，出货速度不稳定但价格便宜。

在股东大会上，宋某、潘某更倾向于稳定的老牌供应商，卫某更倾向于价格实惠的新晋供应商，他认为省下的资金可以用来增加生产线。三人就供应商问题商讨了一个星期，最终选择了老牌供应商。虽然最终解决了供应商问题，但因为决策耽搁了一个星期，许多订单积压在一起，给企业造成了不小的损失。

此后，宋某、潘某发现，卫某在很多事情的决策中都与二人持相反的意见。例如，为了提升产品质量，宋某、潘某想要引进新设备，而卫某却认为新设备的价格十分昂贵，不同意引进；宋某、潘某想要在普通家具业务的基础上新增私人定制业务，但卫某以该项业务前期投入太多为由表示反对。由于决策效率降低，因此该家具生产厂的发展速度放缓。

通过以上案例可知，企业在融资过程中应该选择合适的投资者，避免新加入的投资者与原合伙人理念不合，对企业发展造成阻碍。在选择投资者的时候，企业不能只看到投资者对企业的投入，还要对投资者进行深入的了解，例如了解投资者是否深耕于企业所处的行业，对行业的发展情况是否有清楚的认知等。同时，当投资者参与企业经营时，企业创始人应与其就企业经营理念、企业未来发展方向等问题进行深入沟通，确保双方理念一致，并在企业未来发展方面达成共识，以实现携手共进，推动企业发展。

12

财务风险控制：加强企业资金管理

合伙企业在经营过程中很容易忽视财务问题，一旦出现风险，企业就容易陷入经营困境。财务风险包括合伙产生的财务风险和企业经营的财务风险。企业可以提前了解常见的财务风险，加强企业资金管理，避免财务危机。

第一节　常见的合伙财务风险

常见的合伙模式是部分合伙人出钱，部分合伙人出力，最后按照股权比例分配利润。在这种模式下，一些合伙人往往会忽视企业的日常经营。合伙人对企业财务从不过问，就难以及时发现企业经营中出现的问题，甚至会出现企业内部财务信息不透明、账目混乱、企业资产被转移等情况。为了避免财务风险，合伙人应该积极参与企业经营。合伙人需要了解企业的发展状况，对企业财务进行监督，保障自己的合法权益。

一、企业账目混乱，合伙人难以监管

如果企业账目不清，那么企业很容易出现管理混乱，甚至会导致企业陷入经营危机，因此，即便部分合伙人并不负责财务工作，也要了解企业的基本财务情况。同时，企业要做到账目公开，这样既方便各位合伙人互相监督，避免账目混乱，又能让企业与合伙人之间多一份信任，更有利于长久合作。

例如，2016 年，汪某与祁某注册成立了一家农业企业，汪某负责项目策划与实施，祁某负责企业管理。2021 年初，该农业企业的采摘园项目正式运营。2021 年末，汪某要求祁某公开企业的财务状况，但祁某未理会其要求，企业经营活动也并未终止。在汪某的多次催促下，祁某召开了股东大会，但也仅介绍了企业的收支情况，并未提及项目的盈亏、股东的分红等。

这件事使汪某十分气愤，随即以祁某侵犯其知情权的理由向法院提起诉讼。法院认为该农业企业 6 年未公开账目，侵害了汪某的知情权，对于汪某要求祁某提供企业账目的要求予以支持。最后，在法院的调解下，汪某与祁某达成和解。由祁某在 1 个月内提供企业 6 年内的账目供汪某查阅。此外，汪某查阅后应当遵守保密条例。

由以上案例可知，每个合伙人都享有知情权，企业账目应该向合伙人定期公开，以供他们查阅、监管。为了避免企业账目混乱，企业与合伙人可以采取以下措施：

（1）提前签订合伙协议，写清财务方面的要求，以书面协议来约束双方。

（2）设立公共账户。由专门的人员对账户进行管理，对账户的每一笔支出负责。

（3）设定管理人员的管理权限。例如，高于 10 万元的支出必须经过各位合伙人一致协商同意。

（4）定期进行账目公开。例如，管理人员一个月向所有合伙人公布一次财报，所有合伙人都要过目且认同。

总之，企业要处理好账目问题，做到清晰明了、公开透明，避免引起合伙人猜忌。合伙人也要了解基本的财务知识，对企业财务进行监管。

二、股权激励分红比例过大，企业运转失灵

为了留存更多人才，创造更多效益，获得进一步发展，企业往往会对合伙人进行股权激励，给予合伙人一定分红，但给予合伙人的股权激励分红比例过大会对企业现金流产生影响，造成企业运转失灵。

例如，某企业 2021 年上半年盈利 200 万元，为了调动合伙人的工作积极性，该企业实行了阶梯式分红激励方法，主要激励措施是企业 2021 年下半年的盈利达到 200 万元，分红 3%；盈利达到 250 万元，分红 6%；盈利达到 300 万元，分红 12%。在企业盈利 200 万元的基础上，每增加 50 万元，合伙人获得的分红增加 3%。在大额分红的激励下，合伙人干劲十足，该企业下半年的盈利高达 400 万元。

该企业一共有 5 名合伙人，每人可获得 18% 的分红，共计分出 90% 的利润额。企业的利润额不仅用于分红，还用于 2022 年上半年的投产。在给予

合伙人分红奖励后，企业不得不通过从外部借债来获得 2022 年上半年的投产资金。对于企业来说，2021 年下半年盈利大幅增加是好事，但企业在制定分红激励措施时未考虑盈利增长过快与分红比例封顶的问题，导致分红比例过高，企业需要从外部借债维持运营。因此，企业在对合伙人进行股权激励、给予合伙人分红时，一定要考虑自己的实际情况，留足生产经营所需资金。

企业一般采用股权激励的方法激发合伙人的奋斗热情，但要合理设置分红比例。企业可以根据过去 3 年的盈利状况或者参照行业标准确定分红比例，避免股权激励分红比例过大给企业经营造成负面影响，确保企业盈利稳定增长。

三、合伙人股权质押，引发经营风险

近几年，股权质押作为一种筹措资金的方式越来越受到合伙人的青睐，因其具有贷款成本低、办理时间短的优点，所以很多合伙人都会选择将自己拥有的股权作为质押物来获取资金。股权的可变现性与流通性也让金融机构愿意为合伙人提供贷款。然而，对于企业来说，合伙人将股权质押存在一定的弊端，甚至会影响企业的生产经营。

1. 合伙人频繁进行股权质押，影响企业股价

合伙人进行股权质押在金融市场中属于正常现象。一般而言，合伙人进行股权质押有利于在短时间内筹措资金，节约融资成本，扩大企业规模，但合伙人频繁地进行股权质押，可能会让人怀疑企业的经营能力与稳定性，从而造成企业股价的波动。

2. 合伙人进行股权质押，可能会"掏空"企业

合伙人进行股权质押只是转让股权的财产性权利，对企业的控制权仍把握在自己手中，质权人只拥有股权所代表的价值，不拥有其他权利。在这种情况下，合伙人既拥有资金，又拥有对企业的控制权，合伙人可以利

用股东的身份及时、全面掌握企业经营信息，再利用自己的控制权，作出符合自身利益的决策。

同时，在企业内外部信息不对等的情况下，部分合伙人为了满足自身利益诉求，会隐瞒或延迟披露企业负面消息。当企业的负面消息集中释放时，会使企业的股价剧烈波动，严重时甚至会导致股价崩盘，使企业被"掏空"。

3. 合伙人无力偿还股权质押债务，造成被质押股权出售，企业控制权被转移，影响企业经营

股权质押的质押物为股票，其价格随时会波动。质权人一般会设置相应的股权质押标准来维护自身的利益，其中，有三个重要指标：质押率、预警线、平仓线。

质押率指的是筹资额和质押股票市值的比率。对于质押方来说，质押率越高越好，因为质押率越高，自己能获得的资金越多，但是为了维持股票市场的稳定以及质权人的权益，金融机构一般会对质押率的最高上限做出规定。预警线是金融机构设置的股票预警价格，当股票价格跌到预警线，质押方便会被要求强制补仓。当股票价格跌到平仓线，质押方无法补仓或还钱时，质权人有权将股票出售。

合伙人进行股权质押时，一定要保证自己有还款能力，否则一旦出现股价大幅度波动，就面临被平仓的风险。企业的股权结构也有可能因此变更，影响企业的正常经营。

第二节　企业经营财务风险

很多企业都会面临财务风险，有的风险会给企业造成一定的经济损失，

有的风险则会导致企业一蹶不振，因此，企业需要了解在经营中可能面临的财务风险，做到未雨绸缪，防患于未然。企业经营面临的财务风险主要有：规模扩张过快导致现金流紧缺，负债比例过大导致的杠杆危机，多方投资导致的财务结构抗风险能力弱等。

一、企业规模扩张过快，面临现金流危机

企业规模扩张过快可能会造成短时间内大量资金被消耗，在这种情况下，企业一旦遭遇市场需求转变以及外部环境变化，往往会出现资金周转困难的问题，产生现金流危机。

例如，徐州某实业企业依托当地"扶植实业，壮大实业"的政策快速发展，包揽了当地 90% 的矿产订单，获得了大额收益。2013 年，矿产市场低迷，手握大量资金的实业企业尝试开拓外部市场。

但该实业企业开拓市场之路并不顺利。之前经营得顺风顺水使该企业忽视了经营中可能会出现的风险，盲目实施了大规模的生产经营扩张。该企业将大量资金用于低回报领域，例如，整修旧工厂、购入新设备、投资新项目等，最终导致企业陷入资金紧张的困境。此后，新产品成本高，该企业便加大生产力度压缩成本，导致产品库存积压，资金周转不灵。最终，该企业因盲目扩张规模而没有充足的储备资金，只能通过短期大量借债维持日常经营活动。

由以上案例可知，企业扩张规模要依托强大的资产。企业应该根据自身情况，适当扩大经营规模，避免现金流短缺。企业在扩大生产规模时，可以通过完善财务制度预防资金流短缺。

1. 运用延期支付、开源节流的方法合理安排资金支出

在企业运转过程中，原材料费、产品加工费等都是不小的支出，会造成企业付款压力过大，企业可以采取延期支付或定金支付的方法缓解资金短缺，有效弥补资金缺口。

开源节流则是将资金用在关键地方。人力、原材料费用等成本上涨使企业的经营成本大大增加，因此，企业应该减少不必要的花费，例如减少原材料损耗，使用可循环物资，改良技术提高工作效率等。

2. 设置现金流预警线

企业可以根据自己的经营状况设置现金流预警线。例如，企业可以设置"180 天生存线"和"90 天死亡线"，这里的天数即企业现存的资金流量能够维持企业运营的天数。企业现有的现金流量至少需要维持企业 180 天的运营，一旦现金流量触碰这条线，企业就要提高警惕，积极回收账款、引入资金。而一旦现金流量触碰"90 天死亡线"，企业则进入"死亡"倒计时，此时企业需要将全部精力放在解决财务问题上，要尽可能筹集更多资金。

因此，企业使用资金时应考虑不同的现金流预警线，一旦触碰预警线，就要采取有效的措施对现金流进行控制，避免产生更大危机。

总之，企业在经营过程中要将平稳发展放在第一位，合理、科学地使用资金，避免出现经营困难的问题。

二、负债比例过大，陷入财务杠杆危机

企业负债可以分为两类：无息负债与有息负债。无息负债指的是企业经营中的预收账款。例如，买方需要先向供货商提前支付货物款项才能获得货物。对于供货商来说，货物款项即为无息负债。

有息负债指的是短期、长期借款，应付债券等债款。有息负债的特点是负债越多，需要偿还的资金越多，因此，有息负债比例过大的企业，如果遇到行业变动，就会有陷入财务杠杆危机的风险。

例如，从 2003 年到 2013 年，袁某从一个卖布小贩变成一个织布厂厂长。在此基础上，袁某经过几年拼搏，成立了某集团。2020 年该集团销售额高达 15 亿元，袁某本人也多次登上当地富豪榜单。然而好景不长，2021 年，该集团陷入财务危机，负债高达 10 亿元，还接到了当地法院发

出的破产重整公告。袁某集团企业的转变令人唏嘘不已。

究其原因，主要是袁某并不仅仅满足于短期盈利，他通过短期、长期借款获得大笔资金，将资金投向房地产、金融、水电等领域。随着政策的变动，袁某面临大笔亏损，并需要偿还短期借款，过高的财务杠杆使得集团迅速崩塌。袁某的失败在于其盲目自大，过度负债导致集团财务杠杆过高，投资失败使企业资金链断裂，最终导致集团破产。

由以上案例可知，适度的负债可以为企业筹措资金，促进企业发展；过度负债可能会使企业抗风险能力变弱，陷入财务杠杆危机。企业在运用财务杠杆时应注意以下两点：

1. 企业自身的经营状况

如果企业正处于上升期，业务开展顺利，盈利水平良好，面临较好的发展机会，只是碍于资金问题无法扩大发展，那么企业就可以通过借款谋求发展，获得更多收益。

如果企业发展状况不稳定，盈利能力也有所下滑，就要警惕过高的财务杠杆。企业经营一旦出现问题，无法按时偿还借款，那么企业将会陷入危机，严重时甚至会破产。

2. 关注外部环境

企业的发展不仅依靠自身，还依靠外部环境。如果外部经济环境良好，企业可以适时扩张；如果外部经济环境不佳，企业要考虑未来经济是否会产生波动。

总之，企业在利用财务杠杆的同时，也要避免过高的负债率造成资金链断裂，出现财务杠杆危机。

三、多方投资，财务结构抗风险能力弱

在如今的经济形势下，企业更偏向于多方投资。企业往往将经营风险

分散到不同行业中，共担经营风险，避免单个行业动荡而给企业带来巨额经济损失，但由于经济市场具有复杂性、多变性，因此企业在对外投资时，也应该关注自身的财务状况，避免财务结构抗风险能力弱。

例如，辛某经营了一家食品加工企业，该行业竞争相对激烈，获得的利润不多。为了获得更多收益，辛某开始对外投资，先后投资了房地产、金融、新能源等行业，但金融市场寒冬的到来使辛某的投资以失败告终。该企业本就利润微薄，所获大部分收益又用于投资，一时间资金链断裂，企业生产停滞不前。

在以上案例中，辛某将企业的资金用于多方投资，虽然分散了经营风险，但也使企业的财务结构不合理，抗风险能力变弱。为了增加抗风险能力，企业可以采取以下措施：

1. 树立财务风险预警理念

大多数企业已经意识到多方投资的重要性，但没有树立相对应的财务风险预警理念。企业应该结合自身财务情况作出合理决策，同时制定合理的财务风险预警指标，在投资的同时促进自身发展。

2. 实行稳健的财务策略

当经营情况恶化和投资市场持续低迷时，企业应该贯彻"稳字当头"的财务策略。企业要及时认清形势，进行市场调研，避免投资高风险领域，确保企业有稳定的现金流。

3. 建立健全的财务风险防范体系

多方投资需要企业具有相应的风险管理能力，并对财务风险高度重视，建立健全的风险防范体系。如果企业在投资过程中没有全面考虑可能遇到的风险，就可能会降低多方投资的效果。

很多企业具有一定的投资能力，但是对投资市场了解不深又缺乏相应的解决措施，最后导致企业陷入危机，因此，企业进行多方投资的同时一定要增强自身抗风险能力。

第三节　多方运作，化解财务危机

　　财务危机作为企业的主要危机之一，对企业的影响重大，一旦发生财务危机，企业可能会陷入经营困难甚至破产，因此，企业要具备解决财务危机的能力。企业可以通过内部合伙人追加投资、从外部引入财务合伙人、完善自身财务管理制度等方法进行多方运作，化解财务危机。

一、企业内部协商，合伙人追加投资

　　合伙企业的合伙人共同负责企业经营、共担风险。当企业遇到财务危机时，合伙人往往会承担相应的责任，共同商议解决方法，最常见的解决方法是企业进行内部协商，有能力的合伙人追加投资，化解企业财务危机。

　　合伙人追加投资意味着其要承担更大的经济压力，也要承担更多的风险。如果企业能成功度过危机，那么合伙人将获得更大的收益；如果企业无法度过危机，合伙人将面临巨大的经济损失。在这种情况下，许多合伙人不愿意对企业伸出援手。《合伙企业法》第三十四条规定："合伙人按照合伙协议的约定或者经全体合伙人决定，可以增加或者减少对合伙企业的出资。"因此，企业可以在签订合约时与合伙人约定：当企业面临亏损时，全体合伙人有义务追加投资，以协议约定使合伙人承担追加投资的责任。

　　企业在扩大经营中可能会出现资金短缺的情况，如果无法对外筹措资金，可以采取合伙人追加投资的措施，缓解危机，共渡难关。

二、外部拓展，引入财务合伙人

企业不仅可以通过合伙人追加投资化解财务危机，还可以通过外部拓展，寻找优秀人才管理企业财务，例如引入合适的财务合伙人。财务合伙人区别于传统意义上的合伙人，是财务人员以合伙人的身份解决企业财务问题，这使得财务人员更能为企业的发展贡献自己的力量。

面对企业财务问题，财务合伙人与普通财务人员的视角截然不同。普通财务人员更局限于自己的工作范围，对企业的整体财务情况未必全面了解，缺乏大局观。财务合伙人则是将企业发展当作自己的事业，更能从企业经营和财务管理角度看待问题。财务合伙人会监测并分析企业的资金情况，提升资金利用率；制定企业年度业绩增长方案与预案，推动企业长久发展；完善企业财务运营体系，预防财务危机。

一名优秀的财务合伙人会为企业的平稳发展保驾护航。当企业无法依靠自身解决问题时，可以考虑引进合适的财务合伙人。

三、改善财务管理情况，弥补漏洞

企业出现财务危机，既是对企业的一次挑战，也是一次企业发现自身问题的机会。企业出现财务危机表明财务管理制度有漏洞，财务控制力薄弱，企业可以趁此机会弥补漏洞。

很多中小企业的经营规模不大，创始人身兼数职，其决策的主观随意性较强；同时，企业财务管理往往较为混乱，没有建立完善的财务管理制度，企业很容易出现财务问题。面对这种情况，企业可以从以下两个方面入手改善财务管理情况。

1. 树立先进的财务管理观念

企业往往对财务管理不够重视，将其看作普通的记账，而忽略了其在企业发展中提供资金的作用，因此，企业应该树立先进的财务管理观念，将其作为企业管理中的一个重要部分。

一般而言，企业可以树立三种先进的财务管理观念：

（1）树立"大财务"理念，拓展财务管理范围。企业财务的"触角"应该延伸到企业方方面面的活动中。为此，企业需要树立"大财务"理念，拓展财务管理的深度，通过强化财务管理创造更多经济效益。

（2）树立"大成本"理念，追踪生产、经营多环节。在进行成本管理时，企业需要追踪生产、经营多环节，通过加强各环节、全过程的成本管理实现企业整体的成本管理。

（3）建立"大分析"体系，实现财务综合分析。企业财务的经营状况受经营策略、产品生命周期等多种因素的影响，因此，财务数据分析不能够只依据现有可量化的数据进行，还要考虑多样的非量化因素。企业需要拓展财务分析的范围，全面考虑影响财务的各种因素，实现财务综合分析。

2. 对财务管理进行监督

企业要对财务管理进行监督，做到每个环节都有人负责，防止资金侵占和财务漏洞问题发生。一方面，企业要建立完善的财务管理监督体系，安排专业人员定期对企业原始票据进行核查，并定期对财务人员进行财务相关法律法规的培训，促使财务人员遵守法律法规；另一方面，企业需要对成本支出、资金流向等财务细节问题进行监管，防范财务风险。

总之，面对财务危机，企业要及时审视自身，弥补漏洞，防止再次出现问题。

13

税务风险控制：远离涉税风险

　　合伙企业在发展过程中会不可避免地面临一些风险，其中涉税风险尤为严重，是合伙企业必须重点防范的一种风险。除了要熟知常见的合伙税务风险外，合伙企业还要关注三大涉税事项，掌握规避涉税风险的方法。只有这样，合伙创业在发展过程中才能少走弯路，少耗费时间、精力和资金，顺利成长。

第一节　常见的合伙税务风险

纳税是每个企业应尽的义务，如果税务问题处理不当，那么合伙企业就会面临严重的涉税风险，更有甚者要接受严厉的处罚。常见的合伙税务风险主要有合伙人借款引发的涉税风险、股权激励方案中的涉税风险以及股权转让过程中的涉税风险等。如果能够妥善处理这些常见的涉税风险，合伙企业在成长道路上就能够规避一些陷阱。

一、合伙人借款引发涉税风险

股东向企业借款的事情并不少见，有的企业还会用企业资产为股东购买房产、汽车等与企业经营无关的个人资产。税务机关同样关注这些款项的往来，如果不对这种现象加以限制，那么很可能出现这种情况：员工辛辛苦苦工作一整年，企业的利润却被用于为股东购买个人资产。这种事情既不合理也不合法。那么合伙人向合伙企业借款究竟会产生哪些涉税风险呢？如图13-1所示。

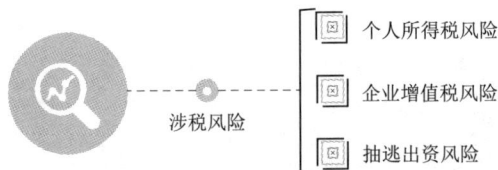

个人所得税风险

企业增值税风险

抽逃出资风险

涉税风险

图13-1　三种涉税风险

1. 个人所得税风险

财税〔2003〕158号《财政部 国家税务总局关于规范个人投资者个人所得税征收管理的通知》第一条规定："个人独资企业、合伙企业的个人投资者以企业资金为本人、家庭成员及其相关人员支付与企业生产经营无关的消费性支出及购买汽车、住房等财产性支出，视为企业对个人投资者的利润分配，并入投资者个人的生产经营所得，依照'个体工商户的生产经营所得'项目计征个人所得税。"

而财税〔2018〕707号《中华人民共和国个人所得税法实施条例》（第四次修订）第八条规定："个人所得的形式，包括现金、实物、有价证券和其他形式的经济利益；所得为实物的，应当按照取得的凭证上所注明的价格计算应纳税所得额，无凭证的实物或者凭证上所注明的价格明显偏低的，参照市场价格核定应纳税所得额；所得为有价证券的，根据票面价格和市场价格核定应纳税所得额；所得为其他形式的经济利益的，参照市场价格核定应纳税所得额。"简而言之，此类型的借款，应由合伙人按照具体情况缴纳相应金额的个人所得税。

2. 企业增值税风险

财税〔2016〕36号《营业税改征增值税试点实施办法》第十四条规定，下列情形视同销售服务、无形资产或者不动产：

（一）单位或者个体工商户向其他单位或者个人无偿提供服务，但用于公益事业或者以社会公众为对象的除外。

（二）单位或者个人向其他单位或者个人无偿转让无形资产或者不动产，但用于公益事业或者以社会公众为对象的除外。

（三）财政部和国家税务总局规定的其他情形。

因此，合伙企业为合伙人无偿提供借款，且借款用于与企业经营无关的事情上，很可能被税务机关认定为合伙企业向合伙人提供销售服务中的金融贷款服务，合伙企业将要缴纳企业增值税。

3. 抽逃出资风险

目前，除法律、行政法规规定的采用实缴制的企业外，一般的企业均采用注册资本认缴制。有些自然人股东存在错误的想法，在完成注册资本实缴后，以借款的名义再将缴纳的资金转出来，这样一来，既合法成立了企业，又没有付出多少成本，这种情况非常不利于企业后续的经营，更不利于保障员工的权益。

如果自然人股东（即合伙人）将实缴资金借出后，被查明与企业经营无关，那么就会被税务机关视为抽逃出资，不仅会被要求归还资金，还会被处以抽逃出资金额 5% 以上 15% 以下的罚款，情节严重的甚至会面临刑事处罚。

合伙人并不是不可以向合伙企业借款，但要满足以下两个条件：一是在该会计年度内全额归还；二是要将借款用于与合伙企业生产经营相关的事项。如果合伙人向企业借款但是没有钱还款，就要分两种情况讨论：一是借款用于个人或家庭消费，那么借款就会变为分红，合伙人需要缴纳个人所得税；二是借款用于偿还合伙企业的欠款或购买相关生产设备等，那么合伙人就可以和合伙企业签署债务转移协议，由合伙企业对接后续事宜。

二、股权激励方案中的涉税风险

股权激励作为一种常见的激励手段，不仅在上市企业中非常流行，如今也越来越受到非上市企业的青睐。

一般情况下，员工持股可以分为三种情况：股票期权、股权奖励和限制性股票。财税〔2018〕164 号《财政部　税务总局关于个人所得税法修改后有关优惠政策衔接问题的通知》第二条第一款规定："居民个人取得股票期权、股票增值权、限制性股票、股权奖励等股权激励（以下简称股权激励），符合《财政部　国家税务总局关于个人股票期权所得征收个人所得税问题的通知》（财税〔2005〕35 号）、《财政部　国家税务总局关于股票增值权所得和限制性股票所得征收个人所得税有关问题的通知》（财税

〔2009〕5 号)、《财政部　国家税务总局关于将国家自主创新示范区有关税收试点政策推广到全国范围实施的通知》(财税〔2015〕116 号)第四条、《财政部　国家税务总局关于完善股权激励和技术入股有关所得税政策的通知》(财税〔2016〕101 号)第四条第(一)项规定的相关条件的，在 2021 年 12 月 31 日前，不并入当年综合所得，全额单独适用综合所得税率表，计算纳税。计算公式为：应纳税额＝股权激励收入 × 适用税率－速算扣除数。"

而财税〔2023〕2 号《关于延续实施有关个人所得税优惠政策的公告》规定上述通知中的"《财政部　税务总局关于延续实施全年一次性奖金等个人所得税优惠政策的公告(财政部　税务总局公告 2021 年第 42 号)》中规定的上市公司股权激励单独计税优惠政策，自 2023 年 1 月 1 日起至 2023 年 12 月 31 日止继续执行。"也就是说，直到 2023 年底，股权激励的税收优惠政策都是有效的。

另外，如果股东要转让通过股权激励获得的股票，那转让上市企业的股票无须缴纳个人所得税，转让非上市企业的股票需要缴纳 20% 的个人所得税。

三、股权转让过程中的涉税风险

《公司法》中对股权转让有着明确规定，合伙企业的股东有权利通过合法方式转让自己名下的所有出资或部分出资，即转让自己的股权，但是在股权的转让过程中同样存在涉税风险，最主要的就是企业所得税以及个人所得税问题。

根据《中华人民共和国企业所得税法》(2018 年修订)对股权转让时的企业所得税征收的明确说明，企业股权转让所得应并入企业的应纳税所得，依法缴纳企业所得税。

财税〔2014〕67 号《国家税务总局关于发布〈股权转让所得个人所得税管理办法(试行)〉的公告》第四条规定："个人转让股权，以股权转让收入减除股权原值和合理费用后的余额为应纳税所得额，按'财产转让所得'缴纳个人所得税。合理费用是指股权转让时按照规定支付的有关税费。"

因此，企业合伙人在转让股权的时候，一定要注意在转让过程中自己要缴纳的个人所得税。企业也要注意在股权转让之后，自身的应纳税所得额也会发生改变。企业和合伙人都要严格遵守相关法律规定纳税，既保护自己的合法利益，又要履行相应的义务。

四、平价转让股权，引发涉税风险

所谓平价转让股权，是指将转让方的历史成本价作为转让双方的成交价，即买入价与卖出价相等，股东没有从平价转让股权中获得利益，所以也就无须缴纳所得税，这样的做法看似对于转让双方都有好处，但实际上已经触犯了《中华人民共和国税收征收管理法》（2015 年修订）中对"少列收入"的相关规定。股权转让应该按照市场公允价值进行，不能以避税为由进行平价转让。

平价转让股权主要会引起以下涉税风险。

1. 个人所得税

自然人股东向其他自然人或企业转让股权也应该遵守独立交易原则。《国家税务总局关于发布〈股权转让所得个人所得税管理办法（试行）〉的公告》第十一条第一项规定，符合下列情形之一的，主管税务机关可以核定股权转让收入：（一）申报的股权转让收入明显偏低且无正当理由的。

而《国家税务总局关于发布〈股权转让所得个人所得税管理办法（试行）〉的公告》第十二条第二项和第三项规定，符合下列情形之一，视为股权转让收入明显偏低：（二）申报的股权转让收入低于初始投资成本或低于取得该股权所支付的价款及相关税费的；（三）申报的股权转让收入低于相同或类似条件下同一企业同一股东或其他股东股权转让收入的。

由此可见，一旦采取平价转股的方式，税务机关就会参照企业的每股净资产以及转让份额核定计税依据，届时，转让双方还是需要补缴个人所得税。

2.印花税

股权转让的价格直接决定印花税纳税基数，转让双方各按照 0.05% 的税率缴纳印花税。显然，平价转让股权会使交易双方少缴纳印花税。如果纳税人申报的计税依据明显偏低，又无正当理由的，依据《税收征管法》第三十五条的规定，税务机关有权核定其应纳税额。

第二节　合伙企业的三大涉税事项

对于合伙企业而言，先分后税、增值税处理以及印花税处理是最为重要的三大涉税事项。处理好了这三个事项，合伙企业就能够规避很多涉税风险。

一、先分后税：合伙企业的所得税处理

财税〔2008〕159号《财政部　国家税务总局关于合伙企业合伙人所得税问题的通知》第三条第一款规定："合伙企业生产经营所得和其他所得采取'先分后税'的原则。"

先分后税指的是要先区分合伙企业中合伙人的性质，根据其性质确定其应该缴纳的所得税款。对此，《财政部　国家税务总局关于合伙企业合伙人所得税问题的通知》第二条规定："合伙企业以每一个合伙人为纳税义务人。合伙企业合伙人是自然人的，缴纳个人所得税；合伙人是法人和其

他组织的，缴纳企业所得税。"

例如，金某是一家企业的法人，他和自己的好友钱某、马某一起合伙另外成立了一家服装企业。2021年，这家服装企业获得了500万元的盈利。根据企业成立时的合伙协议，金某持有服装企业40%的股份，而钱某和马某则分别持有30%的股份。因此，在年末分红时，金某获得了200万元，钱某和马某各获得了150万元。他们三人均需要缴纳个人所得税，但是去税务部门咨询时，金某却发现自己纳税金额与钱某、马某的不同。

因为金某是法人，按照规定要缴纳企业所得税，而作为自然人的钱某和马某则要缴纳个人所得税。在我国，个人所得税与企业所得税的税率及计算方法是不同的，所以导致了金某的纳税金额与钱某、马某有所差异。

二、增值税处理：普通合伙人+有限合伙人

增值税是中国的主要税种之一，同时也是中国最大的税种。增值税是指对产品在流转过程中所产生的增值额征收的费用。目前，增值税的收入已经占到总税收的60%以上，远超其他税种。

有限合伙企业属于特殊性质的合伙企业，它由普通合伙人和有限合伙人构成，其中，普通合伙人对有限合伙企业债务承担无限连带责任，有限合伙人以其认缴的出资额为限对有限合伙企业债务承担有限责任。

有限合伙企业同样遵循先分后税的原则，即在核算过后扣除相关费用，将当年所得利润按照协议分配给所有合伙人。在分配后，合伙人自行纳税。自然人合伙人缴纳个人所得税，法人合伙人或其他组织合伙人缴纳企业所得税。有限合伙企业本身就是缴纳增值税的纳税主体，而普通合伙人同样需要缴纳增值税。

普通合伙人从有限合伙企业中获得的收入主要有两部分：一部分是企业管理费，另一部分是作为股东合伙人的收益分配。

企业管理费应当按照6%的税率申报缴纳增值税，而股权带来的投资

收益则不必缴纳增值税。

一般情况下，有限合伙人从有限合伙企业中获得的收益分配不需要缴纳增值税，但如果其符合《营业税改征增值税试点实施办法》所附的《销售服务、无形资产、不动产注释》中"以货币资金投资收取的固定利润或者保底利润按照贷款服务缴纳增值税"的要求，那有限合伙人就要按照规定缴纳增值税。通常来说，有限合伙企业中的优先级合伙人可能符合这一要求。

优先级合伙人是指在确认会获得投资收益的前提下，其优先获得收益分配。如果投资没有获得收益甚至亏损，优先级合伙人同样不能获得收益分配，他所获得这一收益是否会被视为利息性收入，将通过判断其产品是否保本来确定。

因此，如果在协议中约定优先级合伙人只享受收益分配，不承担亏损，有限合伙人就应当缴纳增值税，反之则无须缴纳。

三、印花税处理：实缴出资份额+签订合同

在中华人民共和国境内书立应税凭证、进行证券交易的单位和个人，为印花税的纳税人，所以印花税的征收对象是企业和个人。印花税是对经济活动、经济交往中使用、领受具有法律效力的凭证的行为征收的一种税。

合伙企业本身就是印花税的纳税义务人，应当遵守相关法律规定申报、缴纳印花税。

合伙企业应缴纳印花税的业务有如下几种：

1. 实缴出资份额的印花税合同

虽然目前各界对于合伙企业的实缴出资份额是否应当参照普通企业的实收资本缴纳印花税存在一定的争议，有些地方的税务机关会征收印花税，有些则不征收。但是，根据对印花税条款的理解，税务机关对合伙企业实缴出资份额征收印花税在法理之中。

2. 签订合同的印花税处理

如果合伙企业以企业名义对外签订合同，且该合同属于印花税列举的税目，则合伙企业应当缴纳印花税。此外，根据《中华人民共和国印花税法》中的规定，合伙企业的营业账簿是要缴纳印花税的，其印花税的税率为实收资本（股本）、资本公积合计金额的 0.025%。应税营业账簿的计税依据，为账簿记载的实收资本（股本）、资本公积合计金额。

14

项目风险控制：实现企业稳健投资

任何项目都存在投资风险。知名项目管理人士马克思·怀德认为，项目风险就是某件事的发生对项目造成负面影响的可能性。因此，企业需要预测项目中可能存在的风险，并掌握与之相关的信息，评估项目收益是否值得冒着风险去做，并且要制定相关的预防措施。在这个过程中，企业要不断地提升自我，增强对项目风险的控制能力，尽可能实现稳健投资。

第一节　项目投资风险重重

项目投资的风险多种多样，例如道德风险、流动性风险、项目经营风险等，因此，企业只针对某一方面进行风险预防显然是不够的，企业必须从多方面入手，全方位地制定风险控制策略，这样才能实现平稳发展。

一、道德风险：资金用作其他用途

项目投资中可能出现的道德风险并不等同于道德败坏，它是指被投资企业将投资企业投入的资金用作其他用途，而非投入项目中。例如某被投资企业在获得投资企业的投资后并未遵守约定将其投入项目，而是投向其他高风险、高利润的活动中。将资金挪作他用导致被投资项目不能如约交付，这就是道德风险。

道德风险主要存在以下两个特征：拆东墙，补西墙；反周期性。

1.拆东墙，补西墙

有些时候，被投资企业在许诺给投资企业高额回报之后获得投资，但随后会将这笔投资投向其他地方，例如股票、房地产等。因为股票、房地产等市场具有明显的高回报率，如果这笔投资能够获得远超原项目的回报，那么被投资企业不仅可以交付项目给予投资企业的分红，自己还能够获得不菲的收益，实现"借鸡生蛋"，零成本获取利益。

但高收益往往伴随着高风险，如果投资折在了股市或其他市场中，被投资企业不仅没有办法向投资企业如约支付回报，还会使项目延期交付甚至夭折，而此时，被投资企业往往会另寻其他投资者，将后来的投资者投入的资金偿还给先前投资的企业。如此循环往复，拆东墙，补西墙，直到整个项目最终能够交付。

2. 反周期性

存在道德风险的项目似乎永远不会受到市场周期性的影响，无论是实业投资还是金融投资，这些项目似乎总能稳赚不赔。例如，2022 年 3 月，汽车整车板块股市行情一路走低，此时如果有企业表示投资自己企业的汽车项目一定能够稳赚不赔，那么这个项目就不是可靠的，因为在汽车市场整体大环境差的情况下，很少有能够稳赚不赔的项目。

道德风险很容易发展为诈骗犯罪行为。例如曾经轰动一时的"庞氏骗局"就脱胎于一个道德风险项目。查尔斯·庞兹向美国民众游说自己的投资计划，宣称只要购买欧洲的某种邮票，再将其卖到美国，就可以赚取高额利润。最初人们半信半疑，但看到获得高额利润的投资者越来越多，人们心动不已，纷纷向查尔斯·庞兹投资。最初，的确有很多人获得了查尔斯·庞兹先前承诺过的高额回报，但随着时间推移，获得回报的人越来越少，人们逐渐起了疑心，最终查尔斯·庞兹的骗局水落石出。

查尔斯·庞兹在获得投资后并没有购买邮票，而是为自己购买了豪宅、珠宝首饰、昂贵的衣服，随后他将一部分钱投入银行、股市，另一部分钱投入其他项目。就这样，原本身无分文的他凭借投资者的钱赚取了超过百万美元的利润，将后来投资者的钱交付给先前投资者，如此进行资金腾挪。但由于查尔斯·庞兹挥霍无度，加之投资失败，最终他拿不出钱交给投资者，也由此被判处诈骗罪，判处 5 年有期徒刑。

二、流动性风险：投资项目难以变现

流动性风险是一种综合性风险，它主要受市场上资金流动性、产品流动性等因素的影响。流动性风险主要分为两类：一类是资金流动性风险，即现金流风险；另一类是市场流动性风险，也被称为产品风险或资产风险。

1. 资金流动性风险

资金流动性风险是企业财务部门应该重点关注的风险。企业无论是投资实业还是支付账单、偿还贷款等，都需要流动资金。

资金流动性风险的重要指标是流动比率，其计算公式为：流动比率 = 流动资产 / 流动负债 × 100%。流动比率能够衡量企业的流动资产变换为现金用来偿还短期债务的能力，流动比率越高，企业资产流动性越大，但过高的流动比率表明企业的流动资产过多，会影响企业资金周转效率。合理的最低流动比率一般为 200%，流动比率的下限为 100%。

2. 市场流动性风险

市场流动性风险是指资产的非流动性。例如，庞某企业的厂房原本在市场中价值 1 000 万元，但由于市场呈现饱和状态，庞某想要立即将厂房变为现金用来偿债，只能以低于市场价的价格甩卖，而这就是产品风险。市场流动性风险对于市场微观结构的观察、资产类型的划分等都有着重要意义。

那么，企业该如何预防投资中的流动性风险呢？

首先，企业要注意市场中各类实业产品或金融产品的买卖差价。以金融市场中的股票为例，股票的价格不是由买方或卖方决定的，而是由市场决定的。当市场中股票的买入与卖出差价过大时，企业就要小心股市出现震荡，要及时采取对策，不要将资金全部投入股市。企业将资金投入股市，一旦遇上熊市，就很难变现。

其次，企业也要注意被投资企业是否存在信用风险。如果被投资企业负债累累导致项目无法进行，需要出售项目资产偿还债务，就极其容易引发市场流动性风险。因为市场流动性风险是买卖双方互动所产生的问题，一旦遇到就很难将资产按照正常价格卖出。

三、项目经营风险：被投资项目发展陷入停滞

项目经营风险是指企业的管理人员和决策人员在经营项目过程中出现失误，导致被投资项目的发展速度放缓甚至陷入停滞，无法按期交付项目。

项目经营风险主要分为以下五类，如图14-1所示。

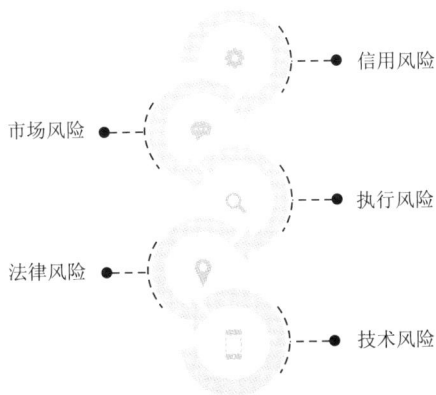

图14-1　五类项目经营风险

1. 信用风险

在项目经营过程中，如果被投资企业不能够按协议履行与其他企业签订的条款，就会引发信用危机，对项目、投资企业都会造成巨大的负面影响，使投资企业的形象遭受重创。

2. 市场风险

项目经营过程中的市场风险主要表现在以下两个方面：第一，目标用户的消费需求发生变化，导致市场出现问题，市场需求预测与实际情况发生偏离；第二，市场竞争格局发生变化，竞争者发起了"进攻"或出现了新的竞争者，导致项目运营效益大大降低。这些都是企业无法预计的风险，同样会影响企业的投资收益。

3. 执行风险

执行风险大多产生在被投资企业内部，尤其是在项目运营过程中，这种风险的危害可大可小，企业要注意甄别。一般情况下，执行风险主要包括信息安全风险、产品供应链风险、产品质量风险等。

4. 法律风险

法律风险是指企业与其他企业或个人发生的法律纠纷。如果被投资企业存在法律风险，例如有多次诉讼记录，那么这种企业就不宜投资，容易给企业带来损失。

5. 技术风险

如果企业对技术的依赖性过强或对项目关键技术的发展速度作出了误判，那么就可能引发技术风险。例如，硅谷曾涌现一大批 VR（Virtual Reality，虚假现实）企业，它们认为 VR 技术将在几年内实现质的突破，然而实际上 VR 技术的发展没有那么快。由于企业的技术积累无法满足企业发展需要，这些企业大多走向破产，投资这些企业的企业损失了一大笔资金。

但随着近几年互联网的发展和 5G 的广泛应用，早年发展不顺利的 VR 技术渐渐迎来了新的发展机会，逐渐在多领域落地，所以，时间也是技术风险的重要考量因素之一。因此，在投资项目之前，企业需要认真分析相关技术的发展速度和应用前景。

第二节　项目投资风险应对：谨慎作出投资决策

在项目投资中，风险与收益并行，没有哪个项目是毫无风险的。如果某个企业宣称自己的项目毫无风险，企业一定不要轻易相信。在面对项目中潜在的风险时，企业正确的做法是不逃避，认真评估风险发生的可能性；量化风险，提前设计项目退出机制；谨慎作出投资决策。

一、评估投资项目风险与潜力

在投资市场中，高风险往往会带来高收益，而高收益同样伴随高风险，而如何在这二者之间取得平衡，在获得尽可能大的收益的同时减小风险带来的损失，就成为企业的必修课程。

1. 企业评估投资项目风险与潜力

一个项目存在的风险有很多种，风险的相关因素更是多种多样，但归根结底，项目的所有风险都与资金、技术、人力支持这三个因素有关，企业评估投资项目的风险与潜力也主要从这三方面出发。

首先，企业要注意审核被投资企业所提交的项目资金使用方案。因为一个负责任的被投资企业会将项目确定以及不确定的资金使用部分详细地告知企业，并在后续的项目执行过程中记录每一笔资金的动向。如果企业发现资金的实际动向或数额与之前的方案不相符，就要注意该项目是否存在一定风险。

其次，企业要重点关注涉及技术的项目方案部分。如果企业对于该项目的使用技术十分陌生，那么可以选择聘请第三方机构或熟知这一领域技术的人员参与项目方案的审核，否则很容易给被投资企业投机取巧留下可乘之机，埋下风险隐患。例如，某企业曾向某项目投资 100 万元，其中 50 万元为聘请核心技术人员的费用。之后该企业发现，这一技术不属于高端精密技术，不需要高薪聘请核心技术人员，而这 50 万元中的大部分资金最终都落入项目负责人手中。该企业付出了不少资金，但获得的投资收益很微薄。

最后，企业最好实地考察被投资企业的人员配置。很多时候被投资企业为了赢得投资企业的信任，会谎报自己的员工数量，例如只有 5 位员工参与这一项目，但被投资企业宣称有 20 位员工参与这一项目。投资企业会根据项目成员数量调整投资数额和进度，对项目的投资收益要求也会有所不同。如果按照错误的项目成员数量制订投资计划，必然会影响投资企业的收益。

例如，罗维奥在开发游戏《愤怒的小鸟》时已经接近破产边缘，如果没有外来投资，他们很难顺利完成游戏的研发，因此，罗维奥向投资企业提交的项目计划书中对资金的使用、项目的愿景等都作出了详细的回答，最终成功获得了投资。而在此之前，罗维奥就曾自己预估过项目失败的损失，估算出的数额在自己的承受范围之内，所以罗维奥才有底气向投资企业递交项目计划书，而《愤怒的小鸟》也不负众望，为投资企业带来了超高的投资回报。

2. 科学评估项目中的风险

此外，对于项目中的风险，企业需要按照识别、衡量和评价的流程进行科学评估。

（1）风险识别。针对项目中可能存在的风险，企业首先要对客观风险进行识别。将项目看作一个运行的系统，并将其划分为多个衔接的流程，这样一来，企业就能够将复杂的风险拆解为单一的、可被识别的风险单元。通过风险识别，企业就能够逐一锁定哪些活动会增大风险发生的可能性，并采取应对措施从根本上降低风险发生的概率。

（2）风险衡量。风险衡量也被称为风险估计，它是指在分析历史数据的基础上，通过概率统计等方法进一步对特定不利事件所导致的风险发生概率，以及因风险发生而导致的损失进行量化评估。

风险估计的方法主要有客观概率估计法和主观概率估计法两种。

①客观概率估计法是根据大量实验，运用统计学方法进行计算，得出客观数值。当项目中的某些风险事件有大量记录时，就可以采用这一方法，从而通过数值归纳出某种规律，制作频率直方图或累计频次图，并采取相应措施。

例如在工程项目中，正态分布图的应用非常广泛。企业在分析工程质量风险、工期风险时，就可以直接采用正态分布的统计方法。

②主观概率估计法是针对具有一次性和单件性特点的风险实施的统计方法。因为在项目中会出现很多偶然事件，企业不可能对所有偶然事件都进行统计和试验，此时客观概率估计法便无法应用，但出于决策的需要，企业必须对风险进行衡量，在这种情况下，企业可以聘请有关专家为自己提供决策支持。

（3）风险评价。在风险识别和风险衡量的基础上，企业对风险发生的概率、时间、造成的损失等结合具体场景进行综合考量，并将其与参考指标进行对比，划定风险等级，并决定是否要制定相应的风险应对策略。

二、约定退出机制，降低损失

企业投资项目是为了盈利，投资的本质是投资—退出—再投资的循环过程，由此可见，建立一个完善的退出机制至关重要。退出机制的建立能够确保投资企业的利益，在发生项目风险时降低投资企业的损失。

投资企业退出被投资项目的方式主要有三种：股权转让、股权回购、资金清算。

1. 股权转让

股权转让是指投资企业将自己持有的股份和相应的股东权益转让给他人，获得股权转让收益，由此实现股权变现。

需要注意的是，自由转让并不意味着投资企业能够随意转让股权。股权转让是有一定限制的，例如法律、公司章程等对受让人的资格、转让的场所、转让的时间等都作出了一定的限制，这样能够更好地保护其他股东的权益。

2. 股权回购

股权回购是指其他股东回购股权或者被投资企业的管理层收购股权。一般来说，这种退出方式被应用在被投资企业经营情况较差时，能够保证投资企业安全撤出本金。

股权回购首先要考虑的是价格问题。如果回购价格过低，就会损害投资企业自身的利益；如果回购价格过高，被投资企业不会同意。在确定回购价格时，双方可以采取以下三种措施：

（1）双方协商。企业与被投资企业自行协商退出时的回购价格。

（2）事先约定。在签订投资协议时便约定回购价格或回购价格的计算方式，例如双方约定回购价格即原始出资价格。

（3）司法评估。如果被投资企业强制回收股权，投资企业可以选择向司法机关寻求帮助，由司法机关委托专业机构进行回购价格评估。

3. 资金清算

这是投资企业最不愿接受的一种退出方式，因为在这种方式下，投资企业获得的收益最少，但如果被投资企业经营失败或其他退出方式无法实现时，投资企业只能选择这一种方式。

被投资企业上市是投资企业理想的退出方式。因为在被投资企业上市之后，投资企业所持的股票就能够在证券交易所中自由流通，投资企业可以在合适的节点，例如股价较高时，将所持股票卖出，顺利实现退出。

在约定退出机制时，被投资企业往往会出于利益考虑，设立一些条款约束投资企业的退出行为。例如有些被投资企业会规定投资企业的股权分期成熟，只有投资企业投资满一定年限所有股权才会完全成熟，如果投资企业在年限未满之前退出，被投资企业只会以约定的价格回购已经成熟的股权，不计算尚未成熟的股权。另外，被投资企业往往会设立高额违约金限制投资企业的退出行为，如果投资企业未按照约定日期或约定方式退出，就要向被投资企业支付高额违约金。

三、多元化项目投资，分散投资风险

"不要把鸡蛋放在同一个篮子里"，这句俗语同样适用于企业的投资行为。如今，很多企业都采取多元化投资策略，即投资分散化，将资金投入多个项目，这些项目的关联程度较低，因此企业能够实现多元化经营，分散投资风险。

当然，多元化投资并非盲目地投资各不相干的项目，而是有计划地投资有市场优势、新利润增长点的项目，依托自身原有基础，逐步拓展投资方向。只有这样，投资企业在进入新的投资领域时才能保持优势。因为多元化投资的主要目的之一是分散投资风险，所以投资企业多元化投资的每一个项目都应该在行业中名列前茅，例如，投资企业想要投资医药行业，就要投资医药行业中最有潜力、效益最好的项目。如果不能做到这一点，当市场环境发生变化时，最先淘汰的就是能力较弱的被投资企业，那么投资企业的投资收益也就化为泡影了。

在进行多元化投资时，企业需要注意三点，如图14-2所示。

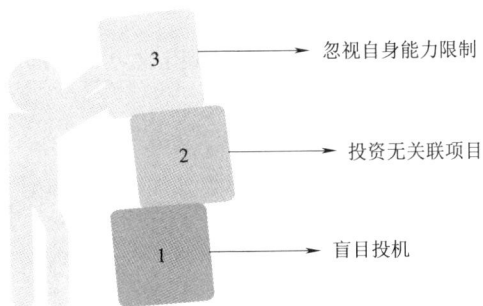

图14-2 多元化投资注意要点

1.盲目投机

众所周知，在一些看似饱和的红海市场还存在许多尚未被发现的蓝海产业和项目，但是由于市场具有不稳定性，企业盲目探索这些产业和项目必然会面临巨大的风险。很多企业在投资项目时只看到其可能带来的巨大收益，或者只是因为某个产业热度高就盲目投资，而没有正视其中存在的风险，也没有进行深入调查和研究，最终结果往往事与愿违，落得血本无归的下场。

2. 投资无关联项目

随意投资无关联项目很可能使投资企业面临巨额亏损。以某集团为例，它曾经投资 5 000 万元建设制药厂，投资 4 000 万元与他人联合开办水泥厂，投资 2 000 万元建设瓷片厂，投资 300 万元开办食品厂⋯⋯这些毫不相干的项目投资都发生在短短三四年时间内，最终该集团不仅亏损了 1.4 亿余元，作为股东，它还需要偿还各类债务，因此，在投资项目的选择上企业一定要有自己的基准线。

3. 忽视自身能力限制

企业的多元化投资使得企业内部的部门和业务线不可避免地增多，这势必需要更加复杂的管理体系，在一定程度上增加了管理的难度。因此，多元化投资要求企业创始人及其管理团队必须有跨行业的综合经营管理能力，能够管理好多个项目。所以，在进行多元化投资时，企业一定不要忽视自身的能力限制，要在能力所及的范围内投资不同的项目，确保项目收益最大化。

四、网络影视投资：看趋势+看内容+看团队+看未来

网络视听产业是我国文化产业未来发展的重要组成部分，且是发展韧性最强的产业之一。未来，精鹰传媒将持续聚焦网络视听产业，推动行业涌现更多优质的主流内容，能够引领当代青年用户的价值风尚，同时助推网络视听内容盈利模式多元化，实现商业价值和社会效益的高度统一，成长为一家网络视听超级产业集团。

我曾经说过，网络电影作为网络视听产业蓬勃发展的代表，即将进入"大片时代"。一方面，现在网络电影的发展环境越来越好，技术支持越来越到位；另一方面，新生代年轻消费者消费娱乐场景的改变给网络电影的发展提供了广阔的市场。

当然，想要通过投资网络影视从中分一杯羹并非易事，因为任何投资

都是机遇与风险共存、诱惑与陷阱同在的。我从我的投资生涯总结出四点经验，即投资要看趋势、看内容、看团队、看未来，把握好这四点，就能够把握消费者的文化、娱乐新诉求，把握好投资网络影视行业的基准线。

1. 看趋势

早在"互联网＋"成为各行业发展趋势时，我便意识到"互联网＋影视"将拥有广阔的发展前景。"互联网＋影视"主要有两大阵地：一个是网剧，另一个就是网络电影。如果能够从这两方面出发，抓住网络影视发展的核心要义，我们就能够在影视投资中占据领先地位。

当然，除了网剧、网络电影外，互动剧、竖屏剧等新的内容业态也正在不断充实网络影视的内容，这些变化都将对中国的影视行业产生巨大的影响。而网络影视付费用户的增多，也充分证明了网络影视行业的发展潜力。未来的影视行业将会更积极主动地拥抱互联网，在获得更大发展空间的同时寻求新的利润增长点。

2. 看内容

面对网络影视的蓬勃发展，我也曾迷茫过。新的消费场景、新的技术支持、新的消费人群……如此多的变化，我该怎样去面对呢？我的结论是抓住内容本身，如果内容做不好，外在的东西做得再花里胡哨也没有用，因为只有"根"扎得牢固，"花"才开得好。

以公司曾经投资过的《阴阳镇怪谈》《中国飞侠》为例，这两部网络电影是同期网络电影中的爆款，而它们之所以成为爆款，影视制作技术、演员的选角等因素只是外在原因，根本原因是它们的剧情很精彩。一个好故事胜过千句万言。

如今，网络用户越来越多，他们对于网络影视的需求五花八门，对内容的要求也会一再提高，但我们手中的资源是有限的。如果用有限的资源去满足无限的需求，这显然是不现实的，我的做法是将有限的资源集中起来，只打造头部精品内容。

有吸引力的题材和自带 IP 光环的题材是最受观众欢迎的。除此之外，原创的创新故事也有很大的受众基础，例如《毛驴上树》就是一部农村题材的原创网络电影，它开创了网络电影中现实题材的先河。

爆款的打造离不开资金、时间和运气，但最重要的还是内容和创意。无论影视行业发展到何种程度，内容为王始终都是硬道理。

3. 看团队

从业 10 余年，我和很多人合作过，在合作过程中，我发现人往往比项目重要得多。网络影视行业这块"蛋糕"越来越大，但想分"蛋糕"的人也越来越多，所以我们一定要谨慎选择合作伙伴，在看准趋势、看好内容的同时，更要看重合作的团队，人靠谱才是最重要的。

因为团队的稳定性、专业能力、执行能力等都事关整个项目制作的质量和完成进度，所以在正式签署投资协议之前，我通常会考察这个团队的制片人、导演、演员等人员配置情况，以及服装造型、后期制作等专业技术能力。

4. 看未来

我认为，网络影视的未来无疑是光明的。基于网络电影与院线电影的差异化，网络电影未来的红利期可能会更长。

传统的院线电影强调仪式感，观感强烈，很多消费者选择观看院线电影都是去看制作精良的"大片"。而网络电影的优势在于自由，人们可以利用碎片化时间，随时随地想看就看，而且网络电影的创作周期短，投资回报快。二者的内容叙述方式与逻辑存在明显不同，不能彼此替代。

当前，一种新的网络电影形式——互动网络电影正在蓬勃发展，我认为这是网络电影与院线电影拉开差距的最佳发力点。互动网络电影不仅有网络电影的自由性、低成本、高回报的特点，还能够为观众提供定制化的服务体验，让观众更有代入感。相信经过市场的筛选，未来的互动网络电影将会在细节以及宏观叙事方面做得更好。